돌아온
소크라테스

돌아온
소크라테스

아케다 아키코 (池田晶子) 지음 | 이수민 옮김

한께
BOOKS

제1장

시대는 어디에 있는가?

소크라테스

저널리스트

평론가

저널리스트 : 오늘은 소크라테스 당신에게 할 말이 있어 찾아왔습니다. 태평해도 너무 태평한 것이 아닙니까? 철학도 좋고 사색도 좋지만 좀 더 시대에 관심을 둬야 하지 않나요? 시대는 하루하루가 다르게 변하고 있습니다. 똑같은 날이 없습니다. 만고불역(萬古不易 : 오랜 세월을 두고 바뀌지 않음)은 이제 우스갯거리에 지나지 않아요. 우리는 모두 눈앞의 현실을 직시하며 살아야 합니다.

평론가 : 전적으로 동감합니다. 그리고 소크라테스! 당신은 자신의 의견을 가져야 합니다. 사람들이 그렇게 당신은 어떻게 생각하느냐고 의견을 물어도 당신은 좋고 싫음을 드러내지 않죠. 의견이 없는 사람은 이 시대에 살아남을 수 없습니다. 언론의 시조라는 소크라테스 당신이 이래서야 되겠습니까?

소크라테스 : 흠, 다들 너무 엄격하군. 하지만 타고난 천성이 그런 것을 어떡하겠나.

저널리스트 : 우리가 엄격한 것이 아닙니다. 왜냐하면 천성 어쩌고 운운하는 지금의 당신도 '현대'라는 시대를 살고 있으니까요. 시대와 동떨어져 살 수 있다고 생각하는 것은 기만이고 착각입니다. 현실은 부정할 수 없는 사실이 아닙니까? 당신이 그렇게 태평스러운 것은 관리사회의 통제의 결과입니다. 좀 더 문제의식을 갖고 시대가 처한 위기를 똑바로 인식하세요.

소크라테스 : 내가 그런 시대에 살고 있었다니 전혀 몰랐네. 내가 세상 물정에 어두웠나 보군.

평론가 : 그러니까 철학이 무용지물이 되고 시대에 뒤처지는 겁니다. 우리가 어디 신선처럼 이슬만 먹고 사는 존재입니까? 시대에 민감하게 반응하면서 즉각적으로 발언할 수 있는 준비를 해야 합니다. 세상을 사는 사람이라면 '사회'에 적응해야 하죠.

소크라테스 : 그럼 자네들이 내게 가르쳐 주게. 나는 시대라는 것이 뭔지 도대체 모르겠네.

저널리스트 : 대책이 없는 사람이군요. 시대란 우리가 사는 현실, 즉 매일 매일 변하는 정치나 경제, 문화를 말합니다.

소크라테스 : 그렇군. 그럼 그런 것들은 어디에 있는가?

저널리스트 : 네?

소크라테스 : 자네는 시대를 본 적이 있나?

저널리스트 : 물론입니다. 매일 접하고 있는 걸요.

소크라테스 : 그렇다면 다음번에 이곳으로 가져와서 나에게도 좀 보여주게나. 도무지 실감이 나질 않아 그러네.

저널리스트 : 잡지나 텔레비전이라면 보여드릴 수 있어요. 그런데 시대는 시시각각 변하는 현상이라고 말하는 것이 좀 더 정확하겠네요.

소크라테스 : 시시각각 변하는 현상이라고. 그럼 인생이 아닌가? 그렇다면 나도 매일 내 인생을 살고 있으니 잘 알고 있는 것이 아닌가? 자네가 나한테 시대와 동떨어져 산다고 하도 뭐라고 해서 나는 내가 인생과 별개로 존재하는 것인 줄 알았네.

저널리스트 : 제 말은 좀 더 세상의 움직임, 즉 주변이 어떻게 돌아가는지 주의 깊게 살펴야 한다는 뜻이었습니다.

소크라테스 : 흠, 세상 말인가? 그런데 세상은 사람과 별개의 것인가?

저널리스트 : 이제 와서 그게 무슨 말씀이세요? 사람으로 구성된 것이 '세상'이 아닙니까?

소크라테스 : 그럼 세상의 움직임을 만드는 것은 누구인가? 사람이 아닌가?

저널리스트 : 당연히 사람이죠.

소크라테스 : 그럼 그것은 사람의 몸, 즉 인체가 아닌가? 그리고 세상의 움직임이란 인체의 이동을 말하는 것이 아닌가?

저널리스트 : 어떤 의미에서는 그렇지요.

소크라테스 : 그렇다면 인체를 움직이는 것은 무엇인가?

저널리스트 : 네?

소크라테스 : 인체를 움직이는 것이 각 부위의 근육이라면 근육을 움직이는 것은 무엇이지?

저널리스트 : 음…, 근육을 움직이려는 사람의 '생각'이 아닐까요?

소크라테스 : 그럼 세상의 움직임은 인체를 움직이려는 사람의 생각이 만든 것이겠군.

저널리스트 : 글쎄요.

소크라테스 : 어떤 곳에 놓인 화폐나 물건이 저절로 움직이는 것을 본 일이 있는가? 사람의 생각이 그것을 움직이는 것이 아닌가?

저널리스트 : 예. 그렇죠.

소크라테스 : 내 직업은 사람들이 하는 '사고'에 대해 연구하는 것인데, 이런 일은 세상에 대해 생각하는 것과 별개의 것인가?

평론가 : 별개의 것은 아니지만, 당신은 생각만 할 뿐 아무 것도 하지 않잖아요. 생각만으로는 안 됩니다. 생각한 후에는 현실적으로 움직여야 하죠. 그렇지 않으면 시대에 휘둘리게 됩니다.

소크라테스 : 하지만 나는 나와 별개로 어딘가에 시대가 있다고 생각한 적이 없어서 그것을 움직이는 일도, 그것에 휘둘리는 일도 없네. 나는 그저 나로서 여기에 존재할 뿐이지.

평론가 : 바로 그런 생각이 안 된다는 겁니다. 명확하게 자신의 태도를 표현하려면 시대를 똑바로 바라봐야 합니다.

소크라테스 : 알겠네. 그래서 내가 말하지 않았나. 앞으로 똑바로 볼 테니, 이곳으로 가져와 나에게 보여 달라고 하는 것이 아닌가. 있지도 않은 것을 볼 수는 없지 않은가? 혹시 자네가 말하는 시대는 공기 중에 존재하는 것인가? 만일 그렇다면 무엇인지도 모르는 것에 의견을 말하는 것이 과연 현실적일까?

평론가 : 하지만 실제로 세상은 변하고 있습니다.

소크라테스 : 방금 전에 자네는 세상을 구성하는 것이 '사람'이라는 말에 동의했지?

평론가 : 예, 그렇죠.

소크라테스 : 그럼 사람이 가진 생각의 변화가 시대의 움직임이 아닌가?

평론가 : 예, 그것도 그렇죠.

소크라테스 : 그렇다면 사람들의 구체적인 사고 이외에 시대라는 추상적인

것이 있다고 생각하고 우왕좌왕하는 것이 시대에 휘둘리는 것이 아니고 무엇인가?

원인이 없으면 존재할 수 없는 결과와 결과가 없어도 존재할 수 있는 원인 중에서, 자네는 어느 쪽이 더 현실적이라고 생각하나?

평론가 : 네?

소크라테스 : 씨앗이 없으면 피지 않는 꽃과 꽃이 피지 않아도 그곳에 존재하는 씨앗 중에, 자네는 어느 쪽이 더 현실적이라고 생각하나?

평론가 : 그렇게 물으신다면 후자겠죠.

소크라테스 : 그렇다면 사람을 행동으로 이끄는 것은 뭔가?

평론가 : 그 사람의 생각 즉 사고(思考)이지요.

소크라테스 : 그럼 행동의 원인에 대해 생각하는 것과, 결과로서의 행동만을 행하는 것 중에서 어느 쪽이 더 현실적인가? 나는 생각하는 것이 더 현실적이라고 생각하는데 자네의 생각은 어떤가?

저널리스트 : 아니요, 아닙니다. 생각하는 것이 현실적이라니요. 터무니없는 말씀입니다. 이렇게 교묘하게 잘도 빠져 나가시는군요. 행동도 없고 의견도 없었던 시대가 어땠는지 소크라테스 당신도 잘 알

지 않습니까? 그렇기 때문에 우리의 사명은 항상 시대와 마주하는 것에 있습니다.

소크라테스 : 하지만 자네는 시대란 매일 매일의 현상이라고 했네. 하지만 매일 매일 일어나는 현상이 자네 자신의 인생이 아니면 무엇인가? 인간이 세상을 살아가면서 동시에 그곳에서 도망치거나 맞설 수 있는가? 시대와 자네의 인생은 어떤 관계지? 자네는 도대체 무슨 일이 하고 싶은 건가?

저널리스트 : 저는 저와 다른 사람들의 인생을 권력의 악에서 지키기 위해서….

소크라테스 : 그렇군, 권력이로군. 하지만 권력을 만드는 것도 사람의 생각이 아닌가? 기관이나 건물 자체가 권력은 아니네. 그러면 사람이 무언가를 생각할 때의 생각하는 방법은 고려하지 않고, 권력이라는 것이 먼저 존재한다고 믿고 사물의 선악을 판단하는 자네도 권력적인 것이 아닌가?

저널리스트 : 하지만 개인의 생활과 생명을 침해하는 것은 절대로 용서할 수 없습니다.

소크라테스 : 왜 절대로지?

저널리스트 : 왜라니요? 당연하지 않습니까?

소크라테스 : 당연하다고? 자네가 정한 건가? 아니면 누군가가 정한 건가? 자네가 정했다면 자네 혼자만의 의견이고, 누가 정한 것도 아니라면 착각인데.

그래서 우리는 생각을 해야 하는 거라네. 자네들 모두가 현실이라고 생각하고 있는 것, 즉 세상사와 법률, 음식 다 좋네. 왜 그것을 현실이라고 여기게 됐는지 잘 생각해보게나. 원인을 모르고 결과만 움직이는 것과, 원인을 포함해 통째로 움직이는 것 중에 어느 쪽이 더 권력적이라고 생각하는가?

평론가 : 하지만 요즘 세상은 돈이 곧 힘입니다. 돈이 있는 사람은 무엇이든지 생각한 대로 할 수 있고, 그렇지 못한 사람은 생각이 있을지라도 행동할 수가 없습니다. 돈도 없이 도대체 이런 현실을 어떻게 움직이겠다고 말씀하시는 겁니까?

소크라테스 : 간단하네. 모든 사람들이 돈을 가치 있는 것이라고 생각하는 것을 그만 두면 되지. 자네는 왜 사람들이 그렇게 돈을 갖고 싶어 하는지 아는가?

평론가 : 돈이 없으면 살 수 없으니까요. 그리고 우리는 살아야 하니까요.

소크라테스 : 자네도 그렇게 생각하는군. 그렇다면 우리는 왜 살아야 하지?

평론가 : 드디어 나왔군요. 당신의 논법! 이제는 당신에게 더는 안 당합니다. 물론 맞습니다. 사는 것 자체로는 가치가 없습니다. 하지

만 가치가 없어도 우리는 살아야 하죠. 그리고 이왕 살 거라면 즐거운 것이 좋지 않겠습니까? 그래서 돈이 필요한 겁니다.

소크라테스 : 돈으로 쾌락을 살 수 있다는 말이군.

평론가 : 네, 그렇습니다. 요즘 시대는 특히 더 그렇죠.

소크라테스 : 돈으로 살 수 있는 쾌락이 도대체 무슨 가치가 있다는 건가?

평론가 : 그런 통속적인 설교는 이제 그만 듣고 싶습니다. 좋은 게 좋은 거라고 그걸로 됐지 않습니까?

소크라테스 : 나도 다른 사람이 어떤 가치관을 갖고 살든 관심 없네. 하지만 현실을 바꿔야 한다고 말한 것은 자네야. 그리고 그런 현실은 돈이라는 가치를 둘러싼 사람들의 전쟁이라고도 했지. 그럼에도 불구하고 자네는 돈을 가치 있는 것이라고 생각하고 그런 생각을 바꾸려고 하지 않는군. 그렇다면 도대체 자네는 현실을 바꾸려는 마음이 있는 건가? 없는 건가? 현실을 바꾸려는 마음도 없는 것이 어째서 현실적인 거지?

저널리스트 : 이것 보세요. 점점 정체가 드러나지 않습니까? 평론가란 녀석들은 정작 자신은 돌아보지 않고 남의 험담만 늘어놓는다고요. 이런 식으로 사는 놈들이지요. 하지만 저는 다릅니다. 저에게는 이상(理想)이 있습니다. 저는 저의 모든 것을 걸고 아니라고 말

할 수 있어요. 저런 놈들하고 저를 같은 부류로 취급하시면 곤란합니다.

평론가 : 뭐가 그리 잘나셨나. 당신들이야 말로 사건이 없으면 먹고 살수 없는 주제에 말이야. 게다가 있지도 않은 사건을 말만 번지르르하게 가짜로 조작하면서 사는 주제에 뭐가 어쨌다고? 저런 놈들이야 말로 돈과 권력을 가진 사람들에 대한 질투심을 숨기고 있을 뿐입니다. 그리고 자신이 권력을 갖고 있으면서도, 심지어 그런 사실을 알고 있으면서도 모른 척하고 있다고요. 얼마나 추잡스럽습니까. 야만적이고 저질입니다. 타인의 프라이버시까지 침해하면서 폭로하는 것이 지성인이 할 짓입니까? '알 권리'라니요? 기가 막힙니다.

저널리스트 : 우리의 보도가 없으면 순식간에 굶어 죽을 사람들이 뭐가 '지식인의 의견'입니까? 진정한 지식인이 경망스럽게 무슨 일에든 다 참견합니까? 억울하면 당당하게 자신의 의견과 이론을 제시해 보시던가요. '제 입장에서는' 이라니 도대체 무슨 소립니까? 마치 자기만 세상과 별개로 존재하는 것 마냥 의견을 말할 수 있는 편리한 입장이라도 되는 겁니까? 우리는 시대의 현장에서 맞서고 있다고요. 당신네들 같은 기생충하고는 차원이 다릅니다. 적당히 하시고 이제 입 좀 다무시지요.

평론가 : 지금 협박하는 겁니까? 언론은 자유입니다.

저널리스트 : 언론은 기분전환과 다릅니다. 언론은 '공공성'이라고요.

소크라테스 : 자자, 이제 말다툼은 그만들 두게나. 자네들은 실제로 서로를 잘 이해하고 있지 않은가?

양자 : 네? 말도 안 됩니다.

소크라테스 : 언론에 대해서라면 시대에 뒤처진 언론(logos)의 시조가 한마디 하겠네. 자네들은 언론이 시대에 반드시 필요하다는 점에서는 의견이 일치하는 것 같은데, 그렇다면 자네들은 학문적인 위대한 발견을 하거나 첨단기술을 발명하여 새로운 시대를 이끈 사람들이 어떤 사건이나 남의 일에 조바심 내며 참견하는 것을 본 일이 있는가? 자고로 그들은 말이 없었네. 자신을 잊고 자신의 일에 몰두했지. 시대를 이렇게 저렇게 바꾸려는 어떤 의도도 없었어. 그런 생각을 할 여유가 없었기 때문이지. 자네들도 그런 사람들처럼 조용하게 자신의 일에만 전념해야 하는 것이 아닌가?

양자 : 그래서 저희들은 시대에 맞는 언론활동을….

소크라테스 : 자, 내 손을 보게나. 자네들은 이것이 '손바닥'이라는 것을 인정하지?

양자 : 네? 예, 손바닥이 맞습니다.

소크라테스 : 이것은 사실이라네.

양자 : 예?

소크라테스 : '이것이 손바닥이라는 것을 절대로 용납할 수 없다'고 외쳐도 이것이 손바닥인 사실에는 변함이 없네. 그렇지 않나?

양자 : 예, 물론 그렇지요.

소크라테스 : 자네들이 벌이는 언쟁도 마찬가지라네. 이미 그런 사실을 인정한다, 인정하지 않는다고 떠들어 봤자 현실은 끄떡도 하지 않아. 물론 말하는 것은 자유지. 하지만 아무런 의미가 없네. 이런 무력한 언사는 '의견'이라고 하지 '언론'이라고 하지 않네.
자네들은 현실이나 시대를 구성하는 것이 사람의 생각과 사고라는 것은 인정하지만, 자신의 외부에 그것을 긍정하거나 부정할 수 있는 현실이나 시대가 없다는 것을 아직 인정하지 못하는 모양이군. 하지만 자네들은 지금 자신이 살아 있다는 것은 인정하지?

양자 : 예, 그렇습니다.

소크라테스 : 자신의 삶과 인생을 부정해도 살아 있다는 사실에는 변함이 없지?

양자 :　　예, 그렇죠.

소크라테스 :　자네들이 이 시대를 산다는 것도 그렇다네. 자네들이 이 시대를 살고 있다는 사실은 긍정을 하던 부정을 하던 그것과 상관없는 사실이지. 그렇다면 시대를 사는 것과 자네들이 살아 있는 것은 똑같은 것이 아닌가?

양자 :　　그럴지도 모르지만….

소크라테스 :　그래서 시대를 똑바로 본다는 것은 자네가 자네 인생을 성실하게 살아가는 것과 같은 거라네. 오히려 한 눈을 파는 사람이 시대와 자신의 인생을 놓치고 있는 것이지. 시대를 정말로 바꾸고 싶다면 우선 자신들의 생각부터 바꾸는 수밖에 없다네. 자네들의 생각을 많은 사람들이 이해하고, 그것이 시대의 사고가 되어 달라지는 것 외에 혹시 다른 방법이 있는가?

양자 :　　그래서 저희들이 매일 언론활동에 심혈을 기울이고 있는 겁니다.

소크라테스 :　자네들은 언론이라고 말하고 있지만 자네들 개인의 생각이고 자네들의 개인적인 언어이지 않은가?

양자 :　　물론입니다. 자신의 자유로운 생각을 당당하게 말할 수 없는 사람은 언론활동에 종사할 자격이 없습니다.

소크라테스 : 흠, 그렇다면 나는 자네들에게 하루라도 빨리 자네들이 하는 일을 그만두고 이직할 것을 권하겠네.

양자 : 왜죠?

소크라테스 : 그야 언론은 자유가 아니라 필연이기 때문이네. 수식이나 문법과 마찬가지지. 그래서 모든 인류가 이해할 수 있는 이유는 그것이 누구 개인의 생각이 아니기 때문이야. 그것이야말로 변할 수 없는 진리지. 그래서 그것을 언론(logos)이라고 하는 걸세. 이제 와서 언론의 공공성을 놓고 논쟁을 벌이는 것은 그것이 논리에 기초한 언론이 아니라 단순한 의견이라는 증거라네. 사람들의 생각은 결코 변하지 않아. 어마어마한 것을 발견한 시대를 뒤집은 과학자들의 겸허함을 보게나. 그들은 자신이 그렇게 했다고 한마디도 하지 않았네. 자신이 그것을 발명한 사람이라며 이러쿵저러쿵 떠드는 것은 역사적인 관점에서 보면 소의 엉덩이에 꼬이는 파리와 같은 하찮은 것이라네.

양자 : 진심으로 그렇게 생각하신다면 왜 스스로 그런 말씀을 직접 하지 않으십니까?

소크라테스 : 그야 내가 시대이기 때문이지. 일부러 내 자신에게 스스로 말할 필요가 없으니까. 자네들도 알고 있지 않은가? 2천년이 지난 지금도 모두가 나에 대한 이야기를 하고 있지 않은가. 이렇게 언론이란 자유로운 것이네. 자, 어떤가? 철학도 그리 쓸데없는 것

만은 아니지? 나 같은 사람도 어줍지 않은 저널리스트 정도는
될 수 있으니 말이야.

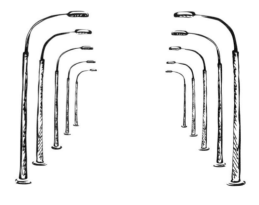

제2장

혼자 살아라

소크라테스

에콜로지스트(자연 보호론자)

에콜로지스트 : 소크라테스! 당신은 세상일은 물론 주변 일에조차 관심이 없다고 하던데요. 물론 신문에 실린 기사와 직접적으로 관련이 없으니 세상일에 무관심한 것은 이해할 수 있습니다. 하지만 주변 일에 관심을 두지 않는 것은 이해할 수 없습니다. 가령 매일 먹는 음식이나 입는 옷이 어떤 경로를 통해 자기한테 오는지 아십니까?

모르신다면 무책임하신 겁니다. 지구의 구성원으로 친환경적인 인식을 갖는 것은 우리의 책임이자 의무입니다.

소크라테스 : 내가 주변 일에 관심이 없는 것은 성격 탓이라네. 아무리 노력해도 안 되는 걸 난들 어떡하겠나.

에콜로지스트 : 그래서 철학은 아무 짝에도 쓸모가 없다는 말을 듣는 겁니다. 우선 생활이 안정되어야 철학도 할 수 있는 것 아닙니까?

자신의 삶이 얼마만큼의 희생과 파멸 덕분에 존재하는지 생각해보셨나요? 생각해보지도 않고 어떻게 진리를 운운합니까?

무관심은 그 자체가 사람들에게 피해를 입히고 있는 것입니다. 적어도 이 정도는 인식하고 있어야 합니다. 자기만 잘 살면 그만이라며 자연을 우습게 여긴다면 머지않아 자신의 목을 조르게 될 테니까요.

소크라테스 : 그건 자네 말이 옳네. 하지만 나는 언제 죽어도 상관없네.

에콜로지스트 : 거짓말 마세요. 언제 죽어도 상관없다는 사람이 밥만 잘 먹고 건강하게 잘 살고 계시잖아요. 철학하는 사람들은 이상하게 그런 말도 안 되는 생각을 한다니까….

소크라테스 : 내가 밥을 먹는 것은 딱히 그 행위를 긍정하거나 부정할 이유가 없기 때문이네. 오히려 '이건 먹어야 한다', '저건 먹으면 안 된다'고 생각하는 사람들이 더 이상하지 않나? 자네가 말해보게. 뭐가 자연스런 삶의 방식인가?

에콜로지스트 : 아무것도 모르시는군요. 자 보세요, 대자연이 낳은 생명들의 놀랍고도 신비한 모습을! 자연의 축복을 받아 빛을 발하고 노래하며 감사하고 있지 않습니까. 그런데 거만하게도 인간만이 자신을 탄생시킨 자연을 망각하고 생태계의 균형을 파괴하고 있어요. 이런 인간중심적인 가치관에 대한 복수는 이미 여기 저기에서 시작되고 있습니다. 이대로라면 인류는 파멸할 겁니다. 그래서 우리는 좀 더 글로벌한 관점에서 지구상의 모든 동식물과 공존해야 합니다. 그것이 바로 자연스런 삶의 방식입니다.

소크라테스 : 그렇군. 그런데 과연 동식물이 자네의 그런 마음을 알까? 나는 태어날 때부터 인간이었기 때문에 동식물이 자신의 생명에 대해 기뻐하는지 감사하는지 전혀 모르겠네. 어쩌면 말 못하는

저들 또한 살고 싶어서 사는 것이 아니라며 자연을 탓하고 있을지도 모르지 않나? 그런 가능성을 고려하지 않는 것도 어쩌면 인간중심적인 가치관이 아닌가?

에콜로지스트 : 그런 것을 바로 궤변이라고 하죠. 소크라테스 당신은 사는 것이 좋지 않습니까?

소크라테스 : 인정과 부정의 차원을 떠나 그것은 단순한 사실이네. 그리고 살아 있다는 것은 언젠가 죽는다는 뜻이지. 무엇을 먹든 안 먹든 죽음은 반드시 찾아오니까. 나는 이보다 더 자연스런 삶은 없다고 생각하는데.

에콜로지스트 : 그야 그렇지만…. 저는 똑같이 죽음을 기다리더라도 인위적인 요소는 가능한 배제해야 한다고 생각합니다. 일부러 수수방관하면서 유해한 첨가물을 먹거나 프론 가스에 노출되는 것을 기다릴 필요는 없지 않습니까? 아, 그리고 보니 부자연스러운 것은 인위적인 것을 말하는 것이네요.

소크라테스 : 그래, 인위적(人爲的)이라…. 사람(人)이 하는 일(爲)은 부자연스럽다는 뜻인데, 설마 사람이 생각하거나 숨 쉬는 것도 부자연스럽다는 것은 아니겠지?

에콜로지스트 : 그런 말은 하지 않았습니다. 인간이 자신의 생명을 유지하는 데 필요로 하는 것 이상의 것을 바라는 것이 자연의 순리를 파

괴하는 것이고, 그것이 부자연스러운 겁니다.

소크라테스 :　자네는 자연의 순리를 절대적으로 신뢰하는 것 같군.

에콜로지스트 : 예, 그렇습니다.

소크라테스 :　그럼 절대적으로 신뢰할 만한 가치가 있는 자연이 부자연스러운 행위를 하는 인간을 만든 것은 어떻게 설명할 건가? 이것도 따지고 보면 자연 순리의 일환이지 않은가?

에콜로지스트 : 바보 같은 소리는 그만하세요. 인간이 자연을 파괴하는 것이 자연스러운 일이라고요?

소크라테스 :　그럼 자네가 말하는 '인간'은 뭔가?

에콜로지스트 : 생물의 한 종류죠.

소크라테스 :　그럼 생물이란 무엇인가?

에콜로지스트 : 자신의 생명을 유지하는데 필요한 영양분을 섭취하고 자손을 낳는 것입니다. 그것이 한 생물로서 인간의 바람직한 모습이죠.

소크라테스 :　하지만 인간이라는 생물은 실로 다양한 일을 하네. 자네가 방금 전에 말했던 철학에만 국한되지 않네. 자네는 학문이나 예술이 생명 유지에 필요한 것이라고 생각하는가?

에콜로지스트 : 아니요.

소크라테스 : 그럼 그런 것들을 부자연스런 행위라고 생각하는가?

에콜로지스트 : 그렇다고는 할 수 없죠.

소크라테스 : 그럼 역사가 시작된 이래 끊임없이 일어나는 다툼이나 명예를 둘러싼 전쟁, 신에 대한 순교, 남녀의 동반자살, 죽음을 각오한 모험에 대해서는 어떻게 생각하나? 자네라면 이것들을 생명 유지의 필요성 측면에서 어떻게 설명하겠나? 내가 생각하기에 인간에게 역사가 존재하는 것은 생명 유지에 필요하기 때문인 것 같은데…. 생각해보게. 자손을 남기는 다른 생물들에게 역사가 존재하는가? 개나 고양이에게 역사가 있는가?

에콜로지스트 : 아뇨, 없습니다.

소크라테스 : 우리 그리스인들은 생명에 대한 욕망을 '에로스'라고 하고, 이와 다른 파괴나 죽음에 대한 욕망을 '타나토스(Thanatos)'라고 한다네. 그리고 인간의 또 다른 자연스러운 부분이라고 인정하지. 이렇게 자연은 인간을 기묘한 생물로 만들었네. 그러니 이런 기묘한 생물, 즉 인간 자체를 자연으로 바라보는 것이 훨씬 더 자연스러운 관점이 아닌가. 실제로 이 지구상에 자손을 낳는 것에만 즐거움을 느끼는 인간만이 존재한다면 그것이야 말로 인류의 파멸이 아니고 무엇인가?

에콜로지스트 : 인간과 자연은 공존하지 않아도 된다는 말씀인가요?

소크라테스 : 나는 인간과 자연이라고 말하지 않았네. 인간이 바로 자연이라고 말했지. 인간과 자연을 따로 떼어 생각하는 사람은 내가 아니라 자네가 아닌가?

에콜로지스트 : 저는 그런 적 없는데요.

소크라테스 : 혹시 '사람이란 세상의 현실 속에 자연스럽게 존재하는 것이다. 그것이 바로 이(理)다.'라는 말 들어본 일이 있나?

에콜로지스트 : 아뇨, 들어본 일 없습니다.

소크라테스 : 자신 스스로가 자신의 마음과 머리(이성)로 생각했을 때에 '이것은 반드시 이렇게 될 것이다', '이렇게 되어야 한다'고 생각하거나, 혹은 '그렇게는 안 된다', '그렇게 돼서는 안 된다'고 생각할 수 있네. 이처럼 자신이 갖고 있는 이법(理法), 이것이 바로 이(理)라는 것이네.

에콜로지스트 : 무슨 뜻인지 잘 모르겠습니다.

소크라테스 : 그렇게 어려운 말이 아니네. 인간이 하는 일은 인간이 하는 일이지 다른 것이 아니라는 뜻이네. 어떤가? 자연 그 자체가 아닌가?

에콜로지스트 : 좋습니다. 제가 백번 양보해서 인간이 가진 모든 욕망과 충동도 자연적인 성향이라고 인정하죠. 하지만 그렇다고 우리가 매일 살고 있는 이 환경을 보다 안전하고 건강한 곳으로 만들려는 것이 잘못인가요? 멸종 위기의 따오기를 구하자고 하거나, 악어가죽으로 만든 핸드백을 사지 말라고 하는 자연보호운동보다는, 환경보호가 훨씬 더 많은 사람들에게 그리고 더 절실하게 받아들여질 수 있다고요. 그래서 제가 주장하고 싶은 것이 바로 '환경을 지키자'는 겁니다.

소크라테스 : 환경보호는 현실주의이고, 자연보호는 자기만족이라는 건가?

에콜로지스트 : 네, 분명히 그런 측면이 있습니다. 악어가죽 핸드백은 반드시 모든 사람들과 연관이 있는 것은 아니니까요. 하지만 생명과 건강은 의심할 여지없이 모든 사람에게 현실입니다.

소크라테스 : 그런가? 그럼 현실적으로 어떤 환경보호운동을 전개하고 있나?

에콜로지스트 : 첫 번째로 리사이클, 즉 자원을 유용하게 재사용하는 운동을 전개하고 있습니다. 예를 들어 우유팩이나 일회용 젓가락부터 재사용을 권장하고 있습니다.

소크라테스 : 아주 세세하군. 나는 전혀 도움이 되지 않겠어.

에콜로지스트 : 에콜로지(ecology), 즉 친환경은 우선 국민 한 사람 한 사람의

책임에 대한 자각을 촉구합니다. '티끌 모아 태산'이라는 속담도 있지 않습니까?

소크라테스 : 하지만 회수비용이나 선전비용이 꽤 부담이 되겠는데….

에콜로지스트 : 네, 그런 어려운 부분도 있습니다. 유감스럽지만 요즘 사람들 중에 이 운동을 일종의 유행으로 생각하는 사람들이 있어요. 하지만 언젠가 모든 사람들이 저희들의 신념이 옳다고 인정하는 날이 올 겁니다.

소크라테스 : 그렇군. 인내심이 필요한 일이겠군. 열심히 하게. 그런데 나 같은 사람은 둔해서 우유팩이나 일회용 젓가락이 목숨과 연관된 현실이라고 좀처럼 실감하기 어려운데. 나 같은 사람들에게는 어떻게 대처할 생각인가?

에콜로지스트 : 끈질기게 호소해야죠.

소크라테스 : 그래도 아무런 반응이 없다면? 죽어도 상관없으니 자기들은 유해한 첨가물을 먹겠다고 하거나, 암은 무서운 병이 아니니까 프론 가스 스프레이를 쓸 거라고 우긴다면?

에콜로지스트 : 그러면 곤란하죠. 유해한 첨가물을 먹고 죽는 것은 그 사람의 자유지만, 프론 가스 스프레이를 사용하는 것은 타인에게도 암을 유발시킬 위험이 있으니까요. 남에게 피해를 주는 겁니다.

소크라테스 : 아니, 그런 뜻이었나? 자네가 주장하는 친환경이란 나만 살 수 있으면 된다는 사고방식을 부정하는 것이 아닌가? 만일 그렇다면 자네가 타인의 '나만 살 수 있다면 된다'를 부정하는 것은 자신의 '나만 살 수 있으면 된다'를 밀고 나가기 위한 수단에 지나지 않는데.

에콜로지스트 : 논리상 그렇지만, 어쨌든 저는 환경오염 때문에 죽는 것은 싫습니다.

소크라테스 : 그럼 자네가 주장하는 '환경을 지키라는 것'은 정확하게 '내 것만은 지켜라'라는 뜻인가? 자네는 그렇게 주장하고 있는 건가?

에콜로지스트 : 깊이 파고든다면 그렇게 말할 수밖에 없는 측면도 분명히 있습니다. 하지만 그것 때문만은 아닙니다. 제가 생각하는 범위는 더 넓습니다. 인류의 자손들을 위한 측면도 생각하고 있으니까요.

소크라테스 : 흠, 자손이라. 하지만 자네는 앞으로 태어날 인간이 어떤 인생관을 갖게 될지 예측할 수 없지 않은가? 자네의 신조인 생명지상주의도 사실 불과 2백년 정도 밖에 되지 않은 가치관이라네. 즉 죽는 것이 미덕이었던 시대도 있었다는 거지. 방금 전에도 말하지 않았나. 인간은 실로 다양한 사고를 한다고. 자네는 그것을 규제할 수 있는가?

에콜로지스트 : 네네, 알겠습니다. 그렇게까지 말씀하시니 저도 솔직하게 말씀드리죠. 저는 살고 싶지, 죽고 싶지 않습니다. 그래서 모든 인류의 동의와 협력이 필요합니다. 저는 그것을 요구하고 있는 거고요. 이래서 제가 염세적인 사람을 싫어하는 겁니다.

소크라테스 : 나는 염세적이지도 낙천적이지도 않네. 이 시대의 이런 환경에 살고 있고 언젠가는 죽게 되는 사실에 타인의 동의와 협력, 방해가 존재한다고 생각하지 않는다고 말하고 있을 뿐이네.

에콜로지스트 : 무슨 엉뚱한 말씀입니까? 로빈슨 크루소 같은 사람은 요즘 시대에 존재하지 않아요.

소크라테스 : 아니, 그 반대라네. 예를 들어 자네 몸에서 암이 발견됐다고 해보게. 암은 누구의 탓인가? 그렇게 만든 범인은 누구인가?

에콜로지스트 : 누구의 탓도 아니죠.

소크라테스 : 만일 먹은 음식 때문에 체했다면 음식을 만든 사람의 잘못인가? 음식을 판매한 회사의 잘못인가? 아니면 그 음식을 먹은 자네의 잘못인가?

에콜로지스트 : 그 누구의 잘못도 아닙니다. 단순히 운이 나빴을 뿐이죠.

소크라테스 : 그럼 전쟁터에 끌려가 총에 맞아 죽는 것도 운이 나빴을 뿐이

라고 말할 수 있겠군.

에콜로지스트 : 그건……. 말도 안 됩니다.

소크라테스 : 잘 생각해보게. 우리의 인생은 모두 그렇게 만들어졌다고 생각 되지 않는가?

에콜로지스트 : 아니요, 그렇지 없습니다. 우리에게는 저마다 '자신의 의지'가 있습니다.

소크라테스 : 아, 의지! 하지만 자네가 말하는 '자신'은 사회, 시대와 별개로 살 수 없지 않은가? 자네가 그렇게 말했던 것으로 기억하는데.

에콜로지스트 : 예, 그렇습니다.

소크라테스 : 그렇다면 '자신'에게 일어난 일의 어디까지가 사회에 원인이 있 고, 어디까지가 '자신의 의지'에 원인이 있는지 어떻게 정하나? 자네가 '자신의 의지'라고 생각하는 그 사고도 사회나 시대의 산물에 지나지 않을지도 모르잖나. 우리가 이 세상에 태어났기 때문에 교통사고를 당하는 것과 마찬가지지. 누구를 탓할 수 있는 일은 하나도 없는 것 같은데.

에콜로지스트 : 그럼 그냥 운명으로 받아들이고 포기하라는 말씀인가요? 개인 의 의지는 역사적인 측면에서 아무런 힘이 없다고 말입니까?

소크라테스 : 아니, 나는 그렇게 말하지 않았네. 자신의 인생의 모든 것이 역사적인 측면에서 운명이라는 사실을 알고, 그것에 개인의 의지가 있다고 말하는 걸세. 나는 내 인생이 역사와 별개로 존재할 수 있다고 생각하지 않네.

에콜로지스트 : 그럼 소크라테스 당신은 공장에서 유출된 다이옥신을 마셔도 아무렇지 않다는 겁니까?

소크라테스 : 굳이 그럴 필요는 없지만, 만일 그렇게 됐다면 어쩔 수 없는 일이라고 생각하네. 역사적인 측면에서 보면 내 목숨 하나쯤은 우유팩이나 일회용 젓가락과 마찬가지니까.

에콜로지스트 : 제정신이세요? 저는 싫습니다.

소크라테스 : 자네에게 내 생각에 동의하라고 강요하지 않았네. 사람은 저마다 다양한 인생관이 있으니까. 문제는 자네가 나의 사고방식을 용납할 것인지 용납하지 않을 것인지에 달려있지. 자네는 내가 프론 가스 스프레이를 사용하는 것을 용납하지 않겠지?

에콜로지스트 : 네, 죽고 싶으면 자기 마음대로 죽으면 그만이지만, 타인의 목숨까지 위험하게 만들 권리는 없잖아요.

소크라테스 : 아이쿠, 또 권리 타령인가? 그렇다면 나는 내 목숨을 내 마음대로 내가 원하는 방법으로 끊을 권리가 있다고 말하는 수밖에

없네. 물론 바보 같은 소리지만. 권리를 운운하는 것이 얼마나 바보 같은 것인지 자네는 아는가?

에콜로지스트 : 아니요. 하지만 권리야 말로 인간이 인간답게 살기 위해 보장되어야 할 최후의 보루라고 생각합니다.

소크라테스 : 자네는 생명이 인간의 변덕에 따라 창조되거나 파괴되는 것이 아니라고 계속 주장하고 있구만.

에콜로지스트 : 예, 그렇지요.

소크라테스 : 그렇다면 생명을 권리 조항으로 만들 이유도 없지? 자네는 권리라는 개념이 자연의 어딘가에 새겨진 것을 본 적이 있는가?

에콜로지스트 : 아니요.

소크라테스 : 그것은 인간이 정한 것이라네. 어떤 주장을 인간이 하는 것이라면 그에 대한 보장도 인간이 하는 것일텐데, 이보다 더한 변덕이 어디 있는가?

에콜로지스트 : 하지만 제가 살고 싶다고 말하는 것은 변덕이 아닙니다. 한 치의 거짓도 없습니다.

소크라테스 : 그렇다면 권리 운운하며 빙빙 돌려 말하지 않아도 되네. 살고 싶다고 말하면 되지.

에콜로지스트 : 예, 알겠습니다.

소크라테스 : 자, 이제 다시 원점으로 돌아왔네. 잘 생각해보게. 오래 살고 싶은 사람과 그다지 오래 살고 싶지 않은 사람이 지구라는 한 공간에서 어떻게 공존하면 되겠는가?

에콜로지스트 : 글쎄요, 어떻게 하면 좋을까요?

소크라테스 : 나는 그리 어려운 문제라고 생각하지 않네. 우리 주변에 흔히 있는 인생관의 대립이지. 다들 이렇게 말하지 않나? 굵고 짧게 살 것인가? 아니면 가늘고 길게 살 것인가?

에콜로지스트 : 그럼 어떻게 하면 될까요?

소크라테스 : 자네는 해결책이 있다고 생각하나? 나는 인간은 각자 자신의 삶의 방식에 따라 살고 죽는 불가사의한 생물 집단이라고 생각하네. 그리고 그것이 우리의 역사지. 물 흐르듯이 자연스럽게 사는 것은 자포자기가 아니라, 역사를 신뢰하기 때문이야. 자신의 주변에 예민하게 굴지 않으면 그 이상 유유자적한 삶은 없다네.

에콜로지스트 : 소크라테스 당신은 이미 그런 경지에 도달했으니 그렇게 말할 수 있는 것 같군요.

소크라테스 : 아니, 그렇지 않네. 타인과 함께 이 세상을 사는 것에 대해 생각할 때, 내가 어떤 기분인지 알고 싶은가?

에콜로지스트 : 네, 알려주세요.

소크라테스 : 한마디로 '일련탁생(一蓮托生 :어떤 일이 선악이나 결과에 대한 예견에 관계없이 끝까지 행동과 운명을 함께 함)'이라네. 다양한 것을 생각하고 다양한 것을 사실로 보여주는 지구 인류의 책임을 모두 짊어지는 것이지. 바로 이것이 최고의 인류애라네.

제3장

성(性)이 전부인가?

소크라테스

페미니스트

악처 크산티페(소크라테스 아내)

페미니스트 : 우리 여성들은 화가 납니다. 남자들이 지배하는 사회적 억압 속에서 여자들이 얼마나 많은 굴욕과 인내와 추종을 강요받았는지 아십니까?

여성은 역사의 무대에서 언제나 주목받지 못했습니다. 당신의 제자의 제자에 해당하는 아리스토텔레스도 여성은 온전한 인간이 아닌 존재라며 용서할 수 없는 모멸적인 발언을 했습니다. 그래서 저는 지금, 과거에도 존재했고 또한 현재에도 존재하는 지구상의 모든 여성들의 자존심을 걸고 인류 철학의 시조라 칭송받는 소크라테스 당신에게 따져 물어야겠습니다. 여성이라는 인류의 또 다른 성(性)을 자신의 철학에 비추어 어떻게 생각하고 계시는지 말씀해주세요. 거짓은 절대로 용서하지 않겠습니다. 우리의 눈은 절대로 속일 수 없습니다.

소크라테스 : 이것 참 곤란하군. 내가 관심을 가지고 사색을 하거나 대화를 나누는 상대는 내 정신(精神)이기 때문에 성(性)에 관한 이야기에는 서투르네. 이를 어쩐다….

페미니스트 : 이런 식으로 슬쩍 빠져나가려고 하시다니. 이렇게 남자들은 정신(精神)을 최상의 가치관으로 내세워 육체를 은폐하려는, 남자=정신, 여자=육체라는 식으로 여성의 육체를 도구로 여깁니다. 그리고 인격과 개성을 인정하지 않고 종속시켜 정신문화라는 왕국

의 주인으로 군림했습니다. 저처럼 깨어있는 여성에게 그런 방법은 더 이상 통하지 않습니다.

소크라테스 : 내가 한 말에 그렇게 많은 의미가 담겨있었나? 몰랐구먼. 정말 세상에는 참으로 다양한 사고방식이 존재하는군.

페미니스트 : 남성들의 이런 무신경한 폭력이 문제입니다. 여성의 의견을 의견으로 여기지 않고 무력화시켜 여성을 지배하는 족속으로 계속 있으려는 근본적이고 폭력적인 의식의 장치를 우리 여성들은 절대로 용서할 수 없습니다. 아니, 인정할 수 없습니다. 소크라테스! 남자인 당신이 즉각 해명하세요!

크산티페 : 어머, 놀라워라! 당신도 참 대단한 이론가네요. 우리 집 양반만 알아들을 수 없는 이상한 소리를 하는 줄 알았더니 여자 중에도 그런 사람이 있었네요. 그런데 좀 정도껏 하세요. 저 양반은 변변히 일다운 일도 없는 사람이지만, 저는 아침부터 밤까지 정신없이 바쁜 사람이라고요.

페미니스트 : 부인, 아니 이런 호칭은 남성 사회의 산물이니 이름을 부르겠습니다. 크산티페씨, 당신은 자신이 남성 사회에 적응당하고 있다는 것을 모르시는군요. 같은 여자로서 동정과 분노를 금치 못하겠습니다. 남녀차별을 없애기 위해 우리 함께 일어서지 않겠어요?

크산티페 : 여보, 저 여자가 지금 뭐라는 거예요? 무슨 소리에요?

소크라테스 : 자자, 우리 순서대로 천천히 생각해봅시다. 페미니스트인 자네는 모든 남성들이 방금 전에 내가 말했던 나의 생각과 같다면서 화를 냈는데, 나는 다른 남성들이 나와 같은 생각을 하는지 전혀 모르겠네. 그래서 남자들이 어떤 생각을 하든지 말든지 나에게는 그 어떤 책임도 없다네. 하지만 자네는 자신의 생각이 모든 여성들의 일반적인, 즉 '우리'라는 말을 사용해 대변할 수 있는 자신감이 있는 것 같은데.

페미니스트 : 물론입니다. 여성이라는 성은 본질적으로 모든 생명과 평화를 사랑합니다. 아리스토파네스도 극중에서 여성들에게 그렇게 말해서 단결시키지 않았습니까?

소크라테스 : 하지만 정작 크산티페는 자네가 무슨 말을 하는지 모르겠다는데?

페미니스트 : 가엽게도 크산티페는 아직 스스로 자각을 하지 못하고 있을 뿐이에요. 지금이야 말로 여성들이 힘을 모아 남성 중심의 사회를 변혁해야 합니다.

소크라테스 : 자네는 방금 전에 타인의 의견을 인정하는 것이 인격과 개성을 존중하는 것이라고 말했네. 그런데 여성은 여성이라는 이유만으로 모두 똑같은 의견을 가져야 한다는 건가? 자유가 없지 않은가?

페미니스트 : 아니요. 오히려 여성들은 자유를 실현하기 위해 단결하고 결속
　　　　　　해야 합니다. 왜냐하면 우리는 평등하게 창조된 성(性)이니까요.

소크라테스 : 자네가 말하는 '성(性)'은 육체를 말하는가? 아니면 육체적인 측면
　　　　　　에서야 말로 여성들은 의견을 같이 할 수 있다는 뜻인가?
　　　　　　대답해보게. 나를 추궁한 것은 자네가 아닌가? 여성을 모두 똑같
　　　　　　은 육체로 보고 그 개성을 인정하지 않는다고 하지 않았나.

페미니스트 : 예, 그건….

소크라테스 : 즉 자네가 자네의 의견을 '내'가 아니라 '우리'라고 주장할 수 있는
　　　　　　근거가 여성은 모두 똑같은 육체라는 것에 있다면, 자네는 그것
　　　　　　에 근거해 개성을 주장할 수 없지 않은가?

페미니스트 : 하지만 여성을 위로용 혹은 감상용으로 바라보고 인격을 인정하
　　　　　　지 않는 것은 정도가 심하지 않습니까? 화가 치밀어 올라 참을 수
　　　　　　가 없어요.

소크라테스 : 그런가? 나는 여성들이 남성들을 노동하는 기계 혹은 종마(種馬,
　　　　　　씨를 받기 위해 기르는 말)라고 해도 전혀 화가 나지 않는데. 자네는
　　　　　　남성들에게 자신을 일반 여성으로 보지 말라고 주장하면서 남성
　　　　　　들이 일반 여성에 대해 말하는 것에 화를 내고 있군. 그러면 자네
　　　　　　는 도대체 누구에게 화를 내고 있는 건가? 만일 자네가 자신을 일
　　　　　　반 여성이라고 생각하지 않는다면 화가 나지 않아야 한다고 생

각하는데.

페미니스트 : 그럼 그렇게 하죠. 앞으로 일반 여성들의 의견이 아니라, 여성인 제 개인의 의견이라고 하겠어요. 하지만 저는 다른 여성들도 분명히 같은 기분일 것이라고 믿습니다. 여성이라는 성은 매우 훌륭합니다. 생명을 잉태하고 낳아 키우고 사랑하니까요. 잔혹하게 죽이고 파괴하고 억압하는 남성의 논리가 판을 치는 요즘, 이런 여성의 논리야 말로 다음 세대를 위해 반드시 필요하죠.

소크라테스 : 지금 논리라고 했나? 혹시 자네는 '2+3=5'를 인정하는가?

페미니스트 : 갑자기 무슨 말씀이세요. 사람을 무시하는 것도 아니고요.

소크라테스 : 크산티페, 당신도 인정하는 거요?

크산티페 : 인정한다고 쳐요.

소크라테스 : 나도 '2+3=5'라고 생각하네. 여성이 생각하든 남성이 생각하든 언제든 2 더하기 3은 5지. 나는 이런 것을 논리라고 생각하네. 이 사람 저 사람의 구별이 필요한 사고는 논리가 아니라 인생관이라고 하는 것이 옳아. 논리에는 남녀 구별이 없지.

페미니스트 : 저는 여성들의 인생관이 인류를 구한다고 말했어요. 그리고 제가 여성이라는 사실을 자랑스럽게 생각한다고 말하고 있고요.

소크라테스 : 즉 자네는 자신을 여성이라고 생각하는군.

페미니스트 : 이제 그만 좀 하세요. 그럼 제가 여성이 아니면 무엇인가요.

소크라테스 : 아니, 그 부분이 아주 중요해서 그러네. 크산티페에게도 묻지. 당
　　　　　　신은 자신을 여성이라고 생각하고 있소?

크산티페 : 남성에게 있는 물건이 없으니 여성이겠죠? 하지만 그뿐이에요.
　　　　　　당신처럼 생활력 없는 사람이 남자이니 오히려 내가 남자였다면
　　　　　　더 좋았겠죠.

소크라테스 : 그렇다네. 나는 남자지만 남자가 아니야. 육체는 남자지만 정신
　　　　　　은 남자가 아니지. 그렇다고 여자도 아니야. 그럼 나는 누구인
　　　　　　가? 나는 나, 그냥 나라네.

페미니스트 : 그래서 제가 아까부터 말씀드리지 않았습니까? 저는 저 혼자 스
　　　　　　스로 독립된 정신이고, 흔히 말하는 여성이라는 육체가 아니라
　　　　　　고. 저는 저라고요.

소크라테스 : 아니, 자네는 그렇게 말하지 않았네. 자네는 자신을 여성이라고 말
　　　　　　하고 있네. 여기서 언급한 '자신'이란 자네의 정신인가? 육체인가?

페미니스트 : 둘 다입니다. 정신도 육체도 모조리 저라는 인간입니다. 남성들
　　　　　　은 이렇게 이차원적인 사고로 인간의 해방을 방해한다니까.

소크라테스 : 만일 자네에게 누군가가 '원래 당신은 남자지? 여자라는 절대적인 증거를 보여 달라'고 한다면 어쩌겠는가?

페미니스트 : 어쩌다니요? 육체를 보여주면 되죠. 내가 분명한 여자임을 증명할 방법이 육체밖에 없잖아요.

소크라테스 : 벌거벗어 증명하는 육체 말고 머리 스타일, 복장, 목소리, 체격으로도 판단이 안 되면 자네는 어떻게 그 사람의 성을 판단할 수 있지?

페미니스트 : 육체적인 증거밖에 없네요.

소크라테스 : 그렇다면 본인도 타인도 사람의 성을 결정짓는 절대적인 증거는 육체밖에 없다는 말이군. 하지만 자네는 조금 전에 자신은 단순한 육체가 아니고 독립된 정신이라고 말하지 않았나. 그러면 그 정신의 성별은 어떻게 인식하면 좋은가?

페미니스트 : 정신의 성별은 남자다움 혹은 여자다움으로….

소크라테스 : '~다움'을 인정하지 않는 것이 자네들의 주장 중 하나라고 나는 들었네만. 그러면 남자다움이나 여자다움이 판단의 기준이 되지 않는다면 정신의 성별은 어디에 있는 건가?

페미니스트 : 없습니다.

소크라테스 : 그럼 자네는 다른 사람에게 '자신을 여자'라고 말하는데, 정확하게 말한다면 '자신의 육체는 여자'라고 말해야 하겠군.

페미니스트 : 예?

소크라테스 : 그렇게 말하는 자네의 정신, '자신' 그 자체는 남성도 여성도 아니지 않은가?

페미니스트 : 예…?

소크라테스 : 그러면 남성도 여성도 아닌 자신을 여자라고 규정하고 틀에 끼워 해방을 방해하는 것은 결국 자네가 아닌가? 육체와 별개로 우리의 정신은 실제로 모두 자유롭다네.

페미니스트 : 이제 됐습니다. 그런 이상한 이야기는 이해할 수 없지만 논리상으로 인정해드리죠. 하지만 우리가 육체를 갖고 이 세상을 산다는 것은 부정할 수 없습니다. 육체를 갖는다는 것은 아무리 싫어도 이 사회에 속할 수밖에 없다는 것을 뜻합니다. 그리고 그런 사회는 지금까지 오랫동안 남성, 아니 남성의 육체를 가진 인간이라고 해야겠군요. 남성의 육체를 가진 인간이 여성의 육체를 가진 인간을 차별해 왔습니다. 여성들은 자신이 하고 싶은 일을 마음대로 할 수 없었어요. 따라서 남성 사회의 불평등은 이제 사라져야 합니다.

소크라테스 : 하지만 나는 이렇게 생각하네. 그것을 남성사회라고 부르던, 여성사회라고 부르던 본디 사회라는 것은 근본적으로 개인의 욕망을 제한하는 것이 아닌가? 만일 그렇지 않다면 우리는 처음부터 사회라는 것을 만들 필요가 없었네. 그리고 그런 사회에서 자신이 하고 싶은 일을 자유롭게 할 수 없는 것은 남성에게도 여성에게도 동일하지 않은가?

페미니스트 : 하지만 똑같은 양의 노동을 해도 여성이라는 이유로 남성보다 임금을 적게 받는 것은 불평등하지 않습니까?

소크라테스 : 그건 자네 말이 옳아.

페미니스트 : 그리고 다양한 형태로 여성을 멸시하고 있어요. 잘 모르시겠지만 요상한 미스 콘테스트 대회를 보세요.

소크라테스 : 그건 다른 차원의 문제인데.

페미니스트 : 뭐가 다릅니까? 노동 조건의 불평등도 성의 상품화도 모두 여성을 멸시하려는 의식의 표출이라고요.

소크라테스 : 자네는 방금 전에 육체적인 측면에서 사회에 속한 여성을 문제삼는다고 했네. 그리고 노동하는 육체에게 노동조건은 분명히 큰 문제지. 여자라는 이유만으로 당하는 차별에 대해 물론 항의하고 개선을 요구해야 하네. 여성에게는 말 그대로 그럴 만한 권

리가 있어. 하지만 그 문제에 관해 여성들은 고용주의 의식까지는 따질 수 없네.

페미니스트 : 왜죠?

소크라테스 : 계약과 개인의 감정은 별개의 문제라네. 하지만 가령 반대로 고용주가 자네에게 여자라는 이유만으로 남자보다 훨씬 좋은 임금을 보장한다고 가정해 보세. 그런데 실제로 그 고용주는 극단적인 여성멸시자이고 여성을 동물 이하라고 생각하는 사람이라면 어찌겠는가?

페미니스트 : 당연히 용서할 수 없죠. 의식을 바꾸라고 강력하게 요구해야죠.

소크라테스 : 하지만 본심을 교묘하게 숨기고 자네에게 항상 예의바르게 행동하고 높은 임금을 지불한다면 어찌겠는가? 그 고용주를 너무 훌륭한 분이라고 생각하고 있는 자네가 그의 본심을 파헤쳐 추궁할 수 있겠는가?

페미니스트 : 그럴 수 없죠.

소크라테스 : 그렇지? 설령 그것이 가능하더라도 그가 '알겠네. 생각을 바꿔보겠네.'라고 말한다면 자네는 그의 생각이 바뀌었는지 어떻게 확인할 수 있겠는가?

페미니스트 : 그 역시 불가능한 일입니다.

소크라테스 : 그래서 차별의 문제는 계약범위 내에서만 취급할 수 있는 거라네. 사람은 타인의 의식을 문제 삼을 수 없지. 그래서 그것을 추궁하는 것도, 변혁을 강요하는 것도 마찬가지라네. 우리는 그것을 겉으로 드러난 말이나 행동을 통해서만 판단하고 추궁할 수 있어. 아마 이런 사실을 알아둬서 손해를 볼 일은 없을 걸세. 불필요한 노력을 하지 않아도 되니까. 실제로 여자를 멸시한다고 추궁당하는 남자들은 그렇지 않다고 부정하는 것 외에는 변명의 여지가 없네. 나는 그것이야 말로 남성들에게 불리하다고 생각하네만.

페미니스트 : 하지만 미스 콘테스트는 여성 멸시의 표출이지 않습니까?

소크라테스 : 아니네, 그것은 동전의 양면과 같다네. 멸시일지도 모르지만 어쩌면 숭배일지도 모르지. 우리는 타인의 의식을 알 수 없으니까. 멸시든 숭배든 일단 콘테스트에 출전하고 싶은 여성이 있고, 그것을 보고 싶은 남성이 존재하네. 그리고 아무에게도 피해를 끼치지 않는다면 그것은 개인의 취미인 것이지. 이러쿵저러쿵 간섭할 일은 아니야.

크산티페 : 이제 알겠네요. 이 여자가 무슨 말이 하고 싶은 건지. 이 여자는 다른 여성들이 남성들에게 사랑받는 것이 마음에 들지 않는 거예요.

페미니스트 : 지금 무슨 소리 하는 거예요. 여자의 적은 여자라더니. 남자들에게 조종당하고 있는 것도 모르는 무식한 주제에!

크산티페 : 나는 내가 여자라고 생각하고 말한 것도 아니고, 당신을 여자라고 생각하고 말한 것도 아니에요. 나는 그런 성가신 일은 못 해먹는다고요. 내가 이 양반을 돌보는 건 내가 여자라서가 아니에요. 이 사람에게 생활능력이 없는 것이 나에게는 문제라고요. 나라는 여자는 운도 지지리도 없지. 어떡하다 보니 이런 사람이랑 결혼을 하게 됐지만, 나도 소시 적에는 잘 나갔었다고.

페미니스트 : 기가 막히는군요. 오랜 남성의 지배가 여자를 이렇게까지 몽매하게 만들다니.

크산티페 : 당신도 참 딱한 사람이군요. 머릿속에 남자? 여자? 손해? 이득? 이것 밖에 없으니.

페미니스트 : 크산티페 씨, 당신이라는 여자는 어쩔 도리가 없네요. 소크라테스, 무슨 말이라도 한 마디 해보세요. 당신은 알잖아요. 인간에게 자유가 얼마나 소중한지.

소크라테스 : 자유, 물론 소중하지. 하지만 나는 이렇게 생각하네. 인간은 타인의 생각에 따라 자유롭거나 자유롭지 못하지 않는다고 말일세. 타인이 자신을 어떻게 바라보든 자신이 그렇지 않다는 것을 잘 알고 있다면, 그 사람의 자유는 침해당하지 않을 것이네. 자네가

생각하는 '자유'란 무엇인가? 그것을 나에게 말해줄 수 있나?

페미니스트 : 자유란 제약의 철폐, 육체의 해방, 본래의 자기 현실, 그리고….

소크라테스 : 그것들이 자네가 여자이기 때문에 사회에 의해 억압받고 있다는
것인가?

페미니스트 : 예, 그렇지 않습니까?

소크라테스 : 하지만 지금 자네는 그것들을 모두 이뤘네. 자네가 깨닫지 못하
고 있을 뿐이야.

페미니스트 : 그럴 리 없습니다. 사실….

소크라테스 : 바로 그 '사실'이라네. 그 사실이 자네를 자유롭지 못하게 하고 있
어. 자네의 사실은 육체와 사회, 두 가지뿐이네. 정신이라는 것
을 잊어버리고 있어. 하지만 이 '정신'이라는 것이 하고 싶은 일을
선택할 수 있거나 자고 싶을 때에 잘 수 있는 정도에 만족할 것이
라고 생각하나? 정신이라는 것을 우습게 봐서는 안 되네. 그것은
아주 욕망이 깊으니까. 방금 전에 내가 말하지 않았나. 자네는 자
네이고, 언제까지나 자네일 수밖에 없다고. 자네가 자네라는 사
실을 방해할 수 있는 것은 이 세상 어디에도, 아니 우주의 저 끝
어디에도 없다는 것을 깨달을 때까지 곰곰이 생각해보게. 생각
하는 것은 절대적인 자유니까. 아마 자유를 원한다고 더는 말할

수 없게 될 걸세.

페미니스트 : 아휴, 당신은 정말 답답한 사람이군요. 전혀 말이 통하지 않아. 이젠 됐습니다. 하지만 이왕 이렇게 된 거 참고삼아 들어나 보죠. 우주의 끝을 논하는 철학자가 여성관을 갖고 계실 리 없겠지만요.

소크라테스 : 흠, 나의 여성관 말인가? 듣고 화를 내지나 말아주게. 자네가 말한 아리스토파네스의 여자들, 얇은 옷 하나 걸치고 밤일을 거부하는 여자들을 나는 상당히 괜찮다고 생각하네.

제4장

장수하고 싶다면 수치(羞恥)를 알아라

소크라테스

노인 복지 공무원

노인 복지 공무원 : 소크라테스 할아버님, 마을 노인회에서 개최하는 행사가 있어서 초대하러 왔습니다. 들자하니 일도 안하시고 다른 분들하고 어울리지도 않으신다면서요. 이 연세에 아무것도 안 하시고 혼자만 계시면 좋지 않아요. '남이 치매에 걸리든 말든 무슨 상관이냐'고 말씀하시는 분들도 계시지만, 치매는 본인만의 문제가 아닙니다. 주변 사람들이 얼마나 힘든데요. 물론 인간은 누구나 나이를 먹습니다. 그래서 어른을 공경해야 한다는 생각에 귀저기도 갈아드리고 목욕도 시켜드리죠. 하지만 건강하게 장수를 누리는 것보다 좋은 일은 없잖아요? 할아버님은 지금도 건강하시니 아마 100세까지 끄떡없으실 거예요. 우리나라는 장수국가입니다. 100세 이상인 분들이 만 명을 넘어섰으니까요. 우리나라가 장수국가인 비결은 복지가 잘 갖춰져 있기 때문이랍니다. 그러니 할아버님, 노인회에 한 번 나가 보세요. 학습 차원에서 민요나 서예 등을 배워 보시는 것도 좋고요. 아니면 건강을 위해 나이가 들면 약해지는 허리와 관절을 점검하고, 노화와 뇌의 기능 저하를 방지하기 위한 스트레칭 방법도 배울 수 있습니다. 거동이 불편하지 않으신 어르신들께는 게이트볼이나 사교댄스도 추천합니다. 버스를 타고 온천여행을 떠나는 프로그램도 있어요. 그러니 이제 노인회에 나오셔서 남은 생을 알차게 보내 보세요.

소크라테스 : 이보게, 걱정해주는 것은 고맙네. 근데 나는 아직 치매에 걸리지 않았어. 더군다나 게이트볼이라면 질색이라네.

노인 복지 공무원 : 지금은 아니지만 치매란 것이 원래 조금씩 진행된답니다. 그렇지만 평소에 어떻게 마음먹느냐에 따라 상당한 예방효과를 기대할 수 있어요. 이렇게 억지 부리시면서 혼자 지내는 것이 제일 나빠요. 그러니 할아버님, 저희와 함께 노인회에 나가세요.

소크라테스 : 흠, 역시 나는 '할아버지'란 말인가….

노인 복지 공무원 : 그런 뜻이 아니에요. 아직도 젊어 보이세요. '젊다'는 기분으로 지내는 것이 장수의 비결이죠. 실례지만 연세가?

소크라테스 : 올해 칠십 살이네.

노인 복지 공무원 : 어머, 그러세요? 그러면 '실버 패스'를 받으실 자격이 되세요. 빨리 신청하세요.

소크라테스 : 실버 패스? 나는 그런 거 필요 없네.

노인 복지 공무원 : 아니, 할아버님 왜 이렇게 완고하세요. 고집 좀 그만 피우세요. 아무리 인정하고 싶지 않으셔도 65세 이상은 '고령자'에 속합니다. 젊게 사시고 싶은 심정은 충분히 이해되지만, 어

느 정도 자각은 하고 계셔야 해요.

소크라테스 : 왜 그래야 하지?

노인 복지 공무원 : 왜 그렇다니요? 할아버님, 지금 연세가 일흔이세요. 아무리
건강하셔도 머지않아 다리며 허리며 약해지실 겁니다. 그리
고 기억력도 예전과 같지 않으실테고요. 결국 혼자서는 아무
것도 할 수 없게 된다고요. 그리고 그렇게 되면 돌봐야 하는
것은 주변 사람들의 몫입니다. 이 점을 잘 알고 계셔야 해요.

소크라테스 : 자네는 방금 전에 노인을 공경해야 한다고 하지 않았나? 그
럼 이런저런 잔소리는 그만두고 그냥 돌봐주면 안 되나?

노인 복지 공무원 : 정말 제멋대로시군요. 노인을 돌봐야 하는 사람의 입장도
한번 생각해보세요. 누워만 지내는 분이나 자꾸 밖으로 나
가 길을 잃는 노인을 돌보는 일이 얼마나 힘든지 아세요?

소크라테스 : 그럼 상관하지 말고 그냥 내버려 두면 되지 않나?

노인 복지 공무원 : 그럴 수는 없습니다. 노인은 보살피고 공경해야 하는 걸요.

소크라테스 : 이보게 젊은이, 노인을 보살펴야 한다고 생각하기 때문에
힘이 드는 거라네. 그냥 내버려 두면 되네.

노인 복지 공무원 : 정말이지 할아버지는 못 말리는 분이시군요.

소크라테스 : 나는 항상 의문이라네. 왜 노인을 보살피고 소중히 여겨야 한다고 생각하는 거지?

노인 복지 공무원 : 당연한 일이잖아요. 그 연세까지 열심히 살았고, 온갖 역경을 극복했으니 그만큼 훌륭하다는 증거니까요. 노인을 공경하는 것은 인간으로서의 당연한 예의라고 생각합니다.

소크라테스 : 지금 '공경'이라고 했나? 그럼 내가 질문을 하나 하겠네. 인간이 누군가를 공경하거나 위대하다고 말할 때에 무엇을 근거로 그렇게 말하는 건가?

노인 복지 공무원 : 그야, 그 사람의 훌륭한 업적이나 인격을 두고 그렇게 말하죠.

소크라테스 : 그럼 '장수'는 나이를 먹는다는 의미인가?

노인 복지 공무원 : 그렇죠.

소크라테스 : 인간이 한 살 한 살 나이를 먹는 것이 그 사람의 업적이나 인격과 직접적으로 관련이 있는가? 업적과 인격이 훌륭하지 않으면 인간은 나이를 먹을 수 없는 건가?

노인 복지 공무원 : 아니요, 그렇지는 않죠.

소크라테스 : 그럼 업적이나 인격과 아무런 관계가 없고, 노력하지 않아도 누구나 나이를 먹을 수 있는 건가?

노인 복지 공무원 : 네, 당연히 그렇습니다.

소크라테스 :   비열한 짓을 한 사람이라도 그것과 아무 상관없이 사람이
라면 누구나 나이를 먹는다는 뜻이군.

노인 복지 공무원 : 네, 맞습니다.

소크라테스 :   그럼 생각해보게. 자네는 인간의 탈을 쓰고 할 수 없는 극악
무도한 짓을 한 사람이라도 오래 살아 있다는 것만으로 존
경받아야 한다고 생각하나? 혹은 힘겨운 고난을 겪어 보지
않고 편하게 살아온 사람이라도 나이가 들었으니 공경해야
한다고 말할 수 있나?

노인 복지 공무원 : 하지만 생명은 그 자체만으로 소중한 것이라고 생각합니다.

소크라테스 :   지금 생명이라고 했나? 하지만 자네는 인간이 누군가를 공
경하는 것은 업적이나 인격, 정신에 근거한다고 하지 않았
나? 단지 그 나이까지 살았고 일 년 일 년 그저 나이만 먹는
물리적인 생명이 과연 존경할 만한 뭔가가 될 수 있을까?

노인 복지 공무원 : 하지만 생각해보세요. 100세까지 산다는 것은 평범한 일은
아닙니다.

소크라테스 :   그래, 평범한 일은 아니지. 하지만 평범하지 않다는 것은,

즉 보기 드물다는 뜻이네. 100년이나 산다는 것은 분명 보기 드문 일이지. 하지만 공경해야 하는 것과는 차원이 다르다네. 자네는 200살로 추정되는 거북을 보고 '신기하다', '놀랍다'고 생각하지 '훌륭하다', '공경해야한다'고 생각하는가?

노인 복지 공무원 : 그렇지는 않지만….

소크라테스 : 오래 살았다는 이유만으로 그 사람을 공경해야 한다니. 그런 바보 같은 소리가 어디 있나? 자네는 동료나 다른 사람들을 평가할 때에 그 사람의 행동이나 인격을 보고 평가하지? 그런데 나이를 먹었다는 사실만으로 어르신이라고 부르며 특별 대우하는 것은 말도 안 되는 일이라 생각하네. 젊은이들 중에도 훌륭한 사람이 있고 시시한 사람도 있는 것처럼, 노인들 중에도 존경해야 할 사람과 경멸해야 할 사람이 있는 거라네.

노인 복지 공무원 : 하지만 그렇게 말씀하시면 오래 살아야 하는 사람과 그렇지 않아도 되는 사람이 있는 것처럼 들리는데요.

소크라테스 : 그래! 바로 그거라네.

노인 복지 공무원 : 네? 그런 말도 안 되는…. 말씀이 너무 지나치세요.

소크라테스 : 단, 산다는 것에 어떤 가치를 인정할 때의 이야기라네. 자네

는 조금 전에 단순하게 나이를 먹는 물리적인 생명은 존경 혹은 경멸해야 하는 가치의 대상이 아니라고 인정했네. 그럼 인간이 산다는 것에 어떤 가치를 인정한다면 그것은 정신밖에 없다는 뜻이 되는데.

노인 복지 공무원 : 그게…, 솔직히 말씀드리면 저도 매일 실감하는 일이기는 합니다. '저 나이가 되도록 아직도 철이 덜 들다니!', '여태까지 도대체 뭘 하면서 산거야!' 라는 생각이 들 때가 종종 있습니다. 그럴 때에 '노추(老醜)'라는 말이 떠오르죠. 즉 분별력이 흐려진다는 말인데, 사람이 늙어가면서 욕심을 부리면 노욕(老慾)→노탐(老貪)→노추(老醜)→노망(老妄)의 4단계를 거치며 추해진다고 합니다. 그래서 노인을 돌보는 일이 솔직히 힘이 듭니다.

소크라테스 : 자네, 고령자 문제에 대해서는 솔직해져야 하네. 자네가 지금 노인을 보살피는 일이 힘든 작업이라고 했는데, 보살핌과 공경은 별개라는 사실을 이제는 좀 알겠는가?

노인 복지 공무원 : 아… 예.

소크라테스 : 살펴야 하는 것은 불편한 육체이고, 공경해야 하는 것은 그 사람의 정신이라네.

노인 복지 공무원 : 그런 말씀이셨군요.

소크라테스 : 어떤 사람의 정신을 공경해야 하는 것은 그 사람의 정신 이외에 존경할만한 것이 없기 때문이지. 재물이나 권력 등의 것에 가치를 두는 사람을 우리는 존경하지 않지. 그렇지 않나?

노인 복지 공무원 : 네, 맞습니다.

소크라테스 : 그런데 말이야, 자기 자신을 존경하는 정신을 자존심(自尊心)이라고 하는데, 그런 자존심을 걸고 이 힘겨운 세상을 열심히 살아낸 인물이 나이를 먹어서 움직일 수 없게 되었을 때에 누군가가 기저귀를 갈아주는 것이 얼마나 그 사람에게는 치욕적인 일인지 자네는 아는가? 자네는 그런 심경을 마음속 깊이 헤아려 본 적이 있나? 남의 일이지만 나는 그들을 대신해 수치심을 느낄 수가 있네. 그래서 사람을 바보 취급해도 정도가 있다는 말을 한 걸세.

노인 복지 공무원 : 그럼 어떻게 하면 되죠?

소크라테스 : 저세상으로 편히 갈 수 있도록 도와주면 되네. 평온하게 갈 수 있도록.

노인 복지 공무원 : 그건 말도 안 돼요. 몸이 불편한 어르신을 돌보지 않고 그냥 죽는 것을 모른 척 하라니요. 그게 말이 됩니까?

소크라테스 : 아니, 우리는 그렇게 해야 하네. 나는 모든 인류의 자존심을

걸고 말하는 걸세. 존경해야 하는 사람일수록 보살피지 말아야 해.

노인 복지 공무원 : 그럼 보살핌을 필요로 하는 사람들은 존경할 만한 인물이 아니라는 뜻인가요? 그런 사람들은 어떻게 하란 말씀입니까?

소크라테스 : 그런 사람들도 편히 갈 수 있도록 도우면 되네. 평온하게 갈 수 있도록.

노인 복지 공무원 : 그런 엉터리 같은 말씀이 어디 있습니까? 그렇게 말씀하시면 보살핌이 필요한 노인은 모두 죽어야 한다는 건데요.

소크라테스 : 그렇다네. 말 그대로라네. 그래서 인간은 육체가 살아 있는 것만으로는 아무런 가치가 없다는 사실을 잘 알고 있어야 하네.

노인 복지 공무원 : 그럼 치매에 걸린 노인은 어떻게 합니까? 치매는 정신이 오락가락한다는 뜻인데, 정신은 이상한데 육체는 멀쩡한 노인도 살아서는 안 된다는 말씀인가요?

소크라테스 : 자네는 사람이 전혀 생각하지 못했던 일을 말로 표현할 수 있다고 보는가?

노인 복지 공무원 : 아니요, 불가능하다고 생각합니다.

소크라테스 : 치매에 걸린 사람이 제정신이 아니라고 해서 자기 마음속에 없었던 것을 말로 표현할 수 있다고 생각하는가?

노인 복지 공무원 : 아니요. 사람은 오히려 치매에 걸렸을 때 본성이 드러납니다. 저는 경험을 통해 잘 알고 있습니다.

소크라테스 : 그렇다네. 마치 꿈속에서 자기 자신에게 거짓말을 못하는 것과 마찬가지. 정신력이 약해졌을 때에 내뱉는 말이 그 사람의 정신이고, 그 사람의 인생이라네. 유감스럽게도 '인품과 풍채'가 여지없이 드러나지. 그야말로 최후의 심판인 셈이야. 우리 주변에도 있지 않은가? 치매에 걸렸을 때 오히려 더 사랑스런 성격으로 변하는 사람을 본 경험이 있지 않은가?

노인 복지 공무원 : 이제 무슨 말씀인지 알겠습니다. 오래 산다고 반드시 좋은 것만은 아니라는 뜻이죠? 실제로 대부분의 사람들이 마음속으로 그렇게 생각하고 있을 겁니다. 입으로는 오래 살라고 하지만 실제로 너무 오래 살면 돌보는 사람이 힘들어진다고요. 하지만 이것은 현실 문제입니다. 이 사회에서는 어떤 사람이든, 어떤 상태든, 실제로 살아 숨 쉬는 사람이라면 죽을 때까지 돌봐야 합니다. 법률로 그렇게 정해져 있어요. 또한 실제로 눈부신 의학의 발전으로 예전 같았으면 죽었

을지도 모르는 사람들의 수명이 연장되고 있습니다.

소크라테스 :   바보 같은 소리군. 다른 관점으로 생각을 전환시켜 보게나. 예를 들어 갓난아기를 보살피는 것이 당연한 것처럼 고령 자가 저세상에 편히 갈 수 있도록 돕는 것은 당연한 일이라 고 말일세. 그리고 누구나 죽기 전에 갓난아기로 되돌아가 야 한다고 각오하는 거지. 만일 이것이 불가능하다면….

노인 복지 공무원 : 불가능하다면요?

소크라테스 :   이건 크게 말할 수 없네. 노인 문제 측면에서 생각한 이상국 가론이기 때문에.

노인 복지 공무원 : 아, 생각났어요! 예전에 제가 읽었던 플라톤이군요. 거기서 이렇게 말씀하셨죠? "이것이 바로 옛날부터 내가 입에 담기 를 주저했던 말이다. 나는 상식에서 벗어난 것을 이야기할 수 있는 시대가 올 것이라고 믿는다. 실제로 이상적인 국가 는 이 방법 외에 개인과 공공 생활에 행복을 가져다줄 수 없 다는 사실을 깨닫기 매우 어려우니까." 철인왕(哲人王 : 플라 톤의 〈국가론〉에 나오는 개념으로 최고 통치자인 철학자를 일컫는 말) 이야기였죠? 이번에는 도대체 어떤 과격한 고령화 대책 을 말씀하시려는 겁니까?

소크라테스 :   이 말을 해도 되려나.

노인 복지 공무원 : 여기까지 와서 말씀을 안 해주실 생각이세요?

소크라테스 : 그럼, 하겠네. 인간이 성인이 되면 그와 동시에 일률적으로 국가와 계약을 맺는 걸세. 노인이 되어 혼자 살 수 없는 처지가 되면 자신을 죽여 달라고.

노인 복지 공무원 : 그런 끔찍한…. 도대체 누가 그런 끔찍한 계약을 하겠습니까?

소크라테스 : 잘 들어보게나. 자네가 그런 계약이 끔찍하다고 생각하는 이유는 사는 것이 죽는 것보다 '낫다'고 믿기 때문이라네. 그렇다면 도대체 그 근거는 무엇인가?

노인 복지 공무원 : 근거라니요? 그런 것은 없습니다. 그럼 사는 것보다 죽는 것이 '낫다'는 근거는 무엇입니까?

소크라테스 : 그런 근거는 없네. 삶과 죽음을 비교하는 것은 불가능한 일이니까. 하지만 삶과 삶을 비교하는 것은 가능하지.

노인 복지 공무원 : 무엇으로요?

소크라테스 : 지금까지 이야기한 대로 주위 사람들에게는 효율, 본인에게는 자존심이지. 자네는 그것 외에 사람의 삶과 죽음에 대해 말할 수 있다고 생각하는가?

노인 복지 공무원 : 아니요. 하지만 누구나 할 수 있는 일이라고는 생각하지 않

습니다. 죽는 것도, 그리고 죽게 하는 것도.

소크라테스 : 그래, 하루아침에 되는 일은 아니지. 그래서 '교육'과 '철학'이 필요한 거라네. 자네도 아까 말하지 않았는가? '학습'이 필요하다고. 게이트볼이든 여행이든 다 좋지만, 만일 인간이 삶에 가치를 둔다면 그것은 높은 정신밖에 없다는 것을 잘 알아 둬야 하네. 그것만 숙지하고 있다면 누구나 높은 자긍심을 갖고 죽음의 계약에 동의할 것이고, 치매에 걸렸을 때에 이상한 소리를 내뱉지 않으려고 자신을 갈고 닦을 걸세. 그리고 계약을 이행하는 날이 와도 본인뿐만 아니라 주변사람들도 미련 없이 기쁘게 맞이하고 받아들일 수 있지. 물론 서로가 서로를 배려하는 마음이 전제가 되어야 하네. 어떤가? 멋지지 않은가? 이것이 내가 생각하는 이상적인 고령화 사회의 모습이라네.

노인 복지 공무원 : 이제 생각났습니다. 그때도 당신은 비난을 들으셨죠? 그런 말을 다시 입에 담는다면 그만한 각오를 해야 할 것입니다. 성난 수많은 군중이 모여들어 당신을 불태워 버릴 테니!"

소크라테스 : 그런 말을 들어도 나는 아무렇지도 않네. 어차피 다른 사람이 귀저기를 갈아줘서 오래 사는 것은 나에게는 불에 타 죽는 것과 마찬가지니까.

제5장

결국은 정치개혁이다

소크라테스

현직 국회의원

국회의원 지망생

국회의원 : 에헴! 오랜 과제였던 정치개혁의 실현은 우리 국회의원들뿐만 아니라 국민에게도 시급한 문제입니다. 여러분들도 잘 알다시피, 이 나라의 끊이지 않는 부정부패의 원흉은 오랫동안 기득권층들의 얽히고설킨 돈에 있습니다. 정계와 재계 그리고 그 하수인 격인 언론계, 사법계의 유착관계가 다방면의 비리사건을 일으키는 등 정치자금 스캔들이 다반사로 일어나고 있습니다. 그래서 정치에 대한 국민의 불신이 극에 달하고 있죠. 지금이야말로 정계의 정화를 위해 정치인 한 사람 한 사람이 자각하고 도덕성을 확립해야 할 때입니다.

국민의 신뢰를 하루빨리 회복해야 합니다. 물론 저 또한 이번 정치개혁에 정치 생명을 걸 작정입니다. 깨끗한 선거와 투명한 정치자금법이 실현된다면 정치인들은 더 이상 사리사욕으로 치닫지 않을 것입니다. 신중하게 대국적인 관점에서 모든 일에 임할 것이며 내적으로는 유권자들의 뜻을 정치에 반영하고 외적으로는 세계 평화에 기여하기 위해 노력할 것입니다.

청년 : '당신과 같은 현직 정치인들의 그럴싸한 호언장담이 정계의 정화를 늦추는 원인이라는 사실을 모르십니까? 알맹이는 없고 말뿐인 정치개혁을 저는 물론이거니와 유권자들도 더 이상 믿지 않습니다. 그러니 제발 구체적인 방안을 제시하세요. 그리고 반드시 실행에 옮기십시오. 말로만 개혁을 외치면서 실행을 하지 않으

니 오히려 불법적인 검은 자금이 지하로 더 숨어드는 것이 아닙니까? 기득권을 내려놓지 않으려는 국회의원들의 욕망과 이해관계야 말로 정치개혁 대상입니다. 저는 이것이 가장 큰 문제라고 생각합니다. 이 점을 명확히 인식하시기 바랍니다.

국회의원 : 야, 역시 젊음이란 멋지단 말이야. 내가 다 흐뭇하군. 나도 자네만 할 때는 청운의 뜻을 품고 국민의 인정을 받는 바른 정치를 꿈꿨지. 하지만 자네는 아직 갈 길이 멀었네. 만약 자네가 4선의 국회의원이 되고도 과연 지금과 같은 말을 할 수 있을지 무척 궁금하군. 자네도 언젠가 알게 될걸세. 당선되는 것이 먼저라는 사실을. 말은 당선된 후에 해도 늦지 않아. 정치인의 길은 험난하니 앞으로 열심히 하게나.

청년 : '분하지만 저들이 언제까지나 저 자리에 앉아 있는 한 진정한 정치개혁은 이뤄지지 않을 거야. 진정한 정치개혁을 이루려면 내가 그곳으로 갈 수 밖에 없어. 하지만 그러려면 저들에게 유리한 현행제도 하에서는 저들이 또 당선될 수밖에 없는데…. 돈만 있으면 국회의원이 될 수 있는 구조가 이 나라의 민주주의를 뿌리째 썩어 들게 하고 있어.' 소크라테스! 민주주의 발상지의 아테네인이여! 당신은 개혁에 대해 어떻게 생각하십니까?

소크라테스 : 자네가 하고 싶은 질문이 그것인가? 이를 어쩐다. 내가 말일세, 그런 이야기라면 자네의 질문에 답을 해 주기가 좀 곤란하네.

청년 : 철학 말씀을 하시는 거죠? 민주주의는 확고한 사상 없이는 존재할 수 없습니다. 하지만 지도자가 확고한 민주주의의 사상이 정립되어 있는 사람이라면 정치 개혁은 어렵지 않게 이루어 질 수 있다고 생각합니다. 말씀해주세요. '민주주의'라고 떠들면서 민의를 정치에 반영하는 것이 어느 시대를 불문하고 왜 그렇게 어려운 일인지 말씀해주세요.

소크라테스 : 자네, 혹시 지금 정치 개혁이 어렵지 않다고 했나?

청년 : 아니요. 왜 그렇게 어렵냐고 했습니다.

소크라테스 : 자네는 정치가 왜 어렵다는 건가? 돈만 있으면 국회의원이 될 수 있는데. 민의가 정치 그 자체가 아닌가?

청년 : 제 말은, 뭐든지 돈이 전부인 이 세상에서 진정한 민주주의는 발전할 수 없다는 겁니다.

소크라테스 : 흠, 그렇지만 발전을 하던 안 하던 아테네의 데모크라시는 민주제, 즉 주의(主義)나 사상(思想)이 아니라 단순히 제도(制度)라네. 민중의 다수결을 통해 정치를 결정하는, 즉 다수의 민중이 그런 사상을 품으면 정치도 그렇게 되는 제도지. 예를 들어 민중이 '이 세상은 돈이 전부다'는 사상을 품으면 정치도 그렇게 된다네. 참으로 정직한 제도가 아닌가. 그러고 보니 자네 나라에서는 민주주의가 실제로 제 기능을 다하고 있군.

청년 : 그건 말도 안 됩니다. 국민의 혈세로 사리사욕을 채우는 정치인들이 고개를 빳빳이 들고 잘난 척이나 하는 정치가 무슨 민의를 반영하는 겁니까? 국민이야말로 정치의 주역이고, 국회의원은 국민을 대변하는 역할을 하는 사람들에 지나지 않습니다.

소크라테스 : 그렇다면 자네가 말하는 '민의'란 무엇인가?

청년 : 민의는 국민의 의견입니다. 두말할 필요도 없이 자유와 평등, 평화로 상징되는 민주주의의 이념이죠.

국회의원 : 저도 동감입니다. 고매한 민주주의 이념을 실현하기 위해 저 또한 목숨을 걸고 불철주야 열심히 노력하고 있습니다.

청년 : 이런, 또 그런 공염불을! 이보세요, 구체적인 정책을 통해 이념을 실행에 옮기는 것이 국회의원의 사명입니다. 그런데 실제로 어떻습니까? 젊은이들이 평생 일을 해도 집 한 채 살 수 없는 부동산 정책, 더 나아가 불평등한 세금, 물가상승 등 이런 문제에 대해 진지하게 생각해보셨습니까? 민의는 국민 한 사람 한 사람이 절실하게 바라는 생활의 안정과 향상입니다.

국회의원 : 그건 자네 말이 옳아. 그래서 내가 고향마을에 마을회관을 세우고, 다리도 놓고, 진학과 취업 문제에 대해 두루 살피고 있지 않은가. 그래서 요즘은 고향 사람들에게 고맙다는 인사까지 받고 있지.

청년 : 당신은 오로지 고향 사람들에게 어떻게 하면 인기를 얻을 수 있는 지 그것에만 관심이 있지 않습니까? 나랏일을 한다는 국회의원이 이 모양 이 꼴이니 정치가 제대로 굴러갈 리가 없지…. 소크라테스! 어떻게 생각하십니까?

소크라테스 : 나는 딱히 자네 둘이 그렇게 다른 것 같지 않은데.

청년 : 무슨 말씀이세요? 그럴 리가요.

소크라테스 : 방금 전에 '민의'란 국민의 의견이라고 자네가 그랬지? 그렇다면 '국민'은 누구인가?

청년 : 국민은 국민이죠.

소크라테스 : 구체적으로 어떤 사람이지?

청년 : 구체적으로 한 사람 한 사람의 국민이죠.

소크라테스 : '국민'이라는 사람은 없고, 존재하는 것은 한 사람 한 사람의 국민 뿐인가?

청년 : 그, 그렇죠.

소크라테스 : 그럼 그 한 사람 한 사람의 국민이 갖고 있는 의견이 '민의'라는 건가?

청년 : 예, 그렇습니다.

소크라테스 : 그렇다면 한 사람 한 사람의 국민이 서로 의견이 다르다면 어떤 것이 진정한 민의인가?

청년 : 그건 딱 잘라서 확고하게 정할 수 없습니다.

소크라테스 : 그럼 서로 생각을 달리하는 민의와 민의가 상충되면 싸움이 벌어지겠군.

청년 : 예?

소크라테스 : 그렇다면 서로 충돌해 싸움을 벌이는 민의와, 자유·평등·평화로 상징되는 민주주의의 이념인 민의는 동일한 것인가? 아니면 다른 것인가? 혹시 국민의 의견인 민의는 국민 한 사람 한 사람의 이기적인 욕망은 아닌가?

청년 : 그런 논리라면 그럴 수도 있지만….

소크라테스 : 지금 자네는 민의라는 이기적 욕망을 실현하는 것이 국회의원의 사명이라고 인정했는데. 그렇다면 민의를 반영하기 위해서는 국회의원이 되어야 하는데, 국회의원이 되기 위해 필요한 것은 무엇인가?

청년 : 돈이죠. 돈 말고 다른 게 있겠습니까?

소크라테스 : 그렇지? 국민 모두가 돈을 원하기 때문에 국회의원도 돈을 원하는 거라네. 이렇게 자네 나라에서는 민주주의의 의념이 민주제라는 제도 하에서 제대로 실현되고 있는데, 도대체 무엇이 문제라는 건가?

청년 : 국민에게 보다 나은 삶을 바라지 말라는 말씀인가요?

소크라테스 : 국회의원들에게 돈을 바라지 말라고 말해보게나.

청년 : 그것은 무리입니다.

소크라테스 : 똑같은 거라네.

청년 : 그래도 국회의원들은 해도 해도 너무합니다. 으스대면서 잘난 척이나 하고 있지 않습니까.

소크라테스 : 국민이 그렇기 때문이 아닌가? 국민이야말로 '정치의 주역'이라면서 잘난 척을 하고 있지는 않는가? 그리고 국회의원들은 그런 국민을 대표하는 사람이니 쌍방이 닮는 것은 당연한 일이지 않은가? 나는 유명한 탤런트나 운동선수, 그 외의 인물들이 자네 나라에서 국회의원이 되는 것을 충분히 이해할 수 있네. 전혀 이상하지 않아.

청년 : 그야 딱히 인물도 없고, 고르려고 해도 고를 수 없으니까요.

소크라테스 : 그래서 내가 말하지 않았나. 정족수든 조성금이든 아무 소용없다고. 문제는 그런 수치 이전의 인간의 질(質)이라네.

청년 : 역시 철학입니까? 이번에는 철인왕(哲人王 : 플라톤의 〈국가론〉에 나오는 개념으로 최고 통치자인 철학자를 일컫는 말)에 대해 말씀하시는 거죠? 플라톤이라면 저도 알고 있습니다. 국민은 물론 지배층에게도 금욕 교육을 실시해야 한다는 거죠? 물론 이론적으로는 맞습니다. 하지만 현실적으로 불가능한 일이에요. 그 상태까지 가지 않고 문제를 해결할 수 있는 다른 방법은 없습니까?

소크라테스 : 불행히도 다른 방법은 없네. 그 방법 이외의 그 어떤 방법도 임시방편에 지나지 않아. 잘 생각해보게나. 돈과 권력이 갖고 싶어 항상 그것만 생각했던 사람이 그런 생각을 하는 사람들에게 선택되어 국회의원이 됐는데, 그런 사람이 펼치는 정치가 돈에 오염되지 않을 리가 있겠는가? 그리고 자신의 손으로 뽑아 놓고 화가 치미는 것은 국회의원들이 하는 짓이 자신이 하고 싶었던 것과 너무 닮았기 때문이라네. 하지만 나는 그런 국회의원들과 닮지 않았기 때문에 국회의원들의 행동에 화가 치밀어 오르지 않는 것이지. 아니, 어떻게 제도를 조금 바꾸는 것으로 정치를 개혁할 수 있다는 것인가? 이상적이고 바람직한 정치의 모습이 마음속에만 존재하니 정작 개혁해야 할 것은 바로 그 마음이 아닌가?

청년 : 하지만 인간의 마음을 다시 교육하고 바꾸는 일은 불가능합니다.

2천 년이라는 긴 세월이 지나도 불가능하지 않았습니까? 누구보다 잘 아시잖아요.

소크라테스 : 흠, 그렇게도 말할 수 있겠군. 그건 그렇고 자네는 왜 국회의원이 되고 싶은 거지?

청년 : 저는 저런 파렴치한 국회의원들하고는 다릅니다. 돈이 갖고 싶은 것도, 권력을 손에 넣고 싶은 것도 아닙니다. 국민을 위해 이 세상을 조금이라도 좋은 방향으로 바꾸고 싶을 뿐입니다.

소크라테스 : 그러려면 자네 자신이 가난뱅이가 되고 사람들에게 이용당할 수도 있는데. 그래도 괜찮은가?

청년 : …예, 상관없습니다.

소크라테스 : 훌륭하군. 그렇다면 방법은 그것밖에 없네.

청년 : 네?

소크라테스 : '국회의원'이라는 직업이 실제로 돈을 편하게 벌 수 있고, 권력을 휘두를 수 있는 직업이라서 사람들이 너도 나도 하고 싶어 하는 것이 아닌가. 그렇다면 국회의원이 되더라도 편하게 돈을 벌 수 없고, 권력도 휘두를 수 없게 하면 어떤가? 아마 아무도 국회의원이 되겠다고 나서지 않을 걸세. 즉 '따르게 하지만 알게 해서는 안

된다'를 '알게 하지만 따르게 해서는 안 된다'로 바꾸는 거라네.

청년 : 역시 대단하세요. 다른 직업과 똑같이 만드는 거군요. 권력을 없앤 국회의원으로.

소크라테스 : 그렇다네. 세상을 바꾸고 싶은 것 이외의 동기는 모두 배제시키고 능력이 없으면 도태되는 시스템으로 만드는 거지.

청년 : 그러면 자격시험이나 면허 제도처럼 되겠군요. 의사나 변호사처럼.

소크라테스 : 어차피 국회의원도 서비스업의 한 직업이 아닌가. 그것도 아주 힘든 서비스업이지. 고객이 국민이고, 한 사람 한 사람의 고객이 보다 나은 삶을 바라며 끊임없이 요구할 테니까. 그에 상응하는 보수는 받을 수 있을지 모르지만, 시험은 어렵고 업무는 그 이상으로 힘들 걸세. 보통 사람이 아니면 그 근처에도 가지 못할 거야. 하지만 그럼에도 불구하고 국회의원이 되고 싶은 사람이 있다면 그런 사람을 국민들이 선출하면 되네. 그리고 이 부분이 매우 중요한데, 국회의원을 선출하는 국민들도 선출되어야 하네.

청년 : 하지만 그것은 민주주의 이념에 어긋나지 않습니까?

소크라테스 : 자네, 잘 생각해보게나. 그렇게 하지 않으면 무슨 의미가 있겠는가? 나는 그 탤런트의 팬이니까, 혹은 자기 집안의 장례식에 꽃을 보내줬기 때문에 표를 던지는 사람이 어떻게 훌륭한 인물을 구

별할 수 있겠는가?

청년 :　그래서 선출하는 쪽에도 자격시험이 필요하다는 건가요?

소크라테스 : 이건 아이큐의 문제가 아니라네. 인간의 질(質)의 문제지.

청년 : 하지만 인간의 질을 누가 판단할 수 있습니까?

소크라테스 : 그래서 내가 아까부터 철인정치밖에 없다고 말하지 않았나. 수치 이전의 인간의 질(質)을 다룰 수 있는 것은 철학뿐이라네.

청년 :　네, 좋습니다. 그럼 성품 테스트를 통과하지 못하면 선거권을 얻을 수 없다고 치죠. 하지만 도대체 누가 그런 성가신 일을 하면서까지 선거권을 얻으려 하겠습니까? 결국 민주주의의 자멸이 아닙니까?

소크라테스 : 그렇다네. 처음부터 없어져야 할 것을 가능한 한 빨리 없어지도록 돕는 것도 선행이라네. 국회의원도, 국민들도 고매한 민주주의의 이념 하에서 자신의 이익만을 추구하기 때문에 정치가 타락한 것이 아닌가? 그런데 자네는 정치와 연관된 사람의 질은 타락한 채 그대로 내버려두고, 정치의 질만을 향상시키겠다고 주장하고 있다는 것을 알겠나? 그렇다면 정치와 연관되면 성가신 일 뿐이고 어떤 이득도 없으니 다른 사람에게 맡기는 것이 가장 큰 이득이라고 생각하게끔 만들면 되지 않은가? 아마 돈에 대한

집착이 강하거나 허황된 꿈을 꾸는 사람들은 저절로 정치에서 멀어지게 될 걸세. 이게 바로 자정작용(自淨作用)이지. 그리고 그럼에도 불구하고 국회의원이 되고 싶어 하는 사람과 국민이 있다면 그런 사람들이 정치를 운영하면 되네. 선택된 국민이 국회의원을 선출하는 거지. 이보다 깨끗한 정치가 어디 있겠는가? 게다가 일련의 모든 과정이 투명하고 자주적이니 얼마나 민주적인가?

청년 : 그것이 '알게 하고 따르게 해서는 안 된다'는 정치입니까? 분명히 깨끗하고 투명하기는 하네요. 하지만 본래부터 무관심했던 사람들의 이해관계를 조정하는 것이 무슨 정치입니까?

소크라테스 : 자네가 국회의원을 꿈꾸는 이유는 이런 청렴결백한 정치를 단행하고 싶어서가 아니었나? 혹시 자네는 정치를 무척 대단한 일이라고 생각하고 있는 것은 아닌가?
이보게, 거기 태연하게 앉아 있는 국회의원! 당신은 어떻게 생각하나?

국회의원 : 하하하. 정치에 돈이 얽히지 않는 것만큼 좋은 일은 없습니다. 아주 바람직하고 훌륭한 일이죠. 이 나라의 정치에, 그리고 저에게도 오랜 염원이 이뤄지는 대단한 성과입니다. 만일 그런 제도가 실현된다면 이 나라의 정치상황은 국내는 물론 국외적으로도 크게 변할 것입니다. 그리고 그런 날에는 불초한 저 또한 정치생명

을 바칠 각오가 되어 있습니다. 그런데 한 가지 참고삼아 여쭙는데요. 방금 말씀하신 자격시험을 판정하는 심사위원은 누가 맡는 겁니까?

제6장

TV 뉴스 때문에 재밌는 정치

소크라테스

뉴스캐스터

시청자

시청자 : 전대미문의 정보화 사회인 현대에서 TV 저널리즘의 영향력은 엄청납니다. 우리들 시청자는 신속, 정확, 그리고 공정한 사실보도를 바라지만, 높은 시청률을 위해 '쇼'를 벌이는 뉴스 프로그램을 보면 한숨만 나올 뿐입니다. 정권 교체를 자신들의 의도에 맞춰 보도하는 미디어 종사자들을 보고 있자면 사회의 목탁이어야 할 저널리즘 본래의 사명을 잊은 지 오래입니다. 교만함 그 자체죠. 하지만 미디어 권력이 이런 폭언을 일삼아도 전혀 이상하지 않은 상황까지 비대화된 것 또한 사실입니다. 시청자들에게 소식을 전하기 위해 앉아 있는 뉴스 캐스터를 보십시오. 밝은 표정과 경쾌한 목소리로 폭넓은 지지를 얻고 있습니다. 또한 뉴스 캐스터가 진행하는 프로그램은 재미있고 알기 쉽다는 이유로 타의 추종을 불허합니다. 그의 말 한마디가 부지불식간에 여론에 미치는 영향은 어마어마합니다. 그래서 공과 사의 구분을 어디에 두어야 하는지 그 책임의 무게를 느껴야 하고, 항상 자신을 경계하는 것을 잊지 말아야 합니다.

뉴스 캐스터 : (단숨에) 물론입니다! 방송에 종사하는 저희들은 미디어가 가진 엄청난 힘과 그 위력을 실감하고 있습니다. 24시간 내내 세계 각지에서 보내온 방대한 양의 정보는 시시각각 변하는 세계의 정세를 알려줍니다. 정변, 전쟁, 천재지변 그 밖의 수많은 사건과 사고를 가능한 한 정확하고 신속하게 시청자 여러분들께 전달

하는 것이 저희의 사명입니다. 하지만 솔직히 공정하고 중립적인 보도는 사실 매우 어려운 일입니다. 여러분들도 잘 알다시피, 대상을 찍는 카메라의 앵글에 따라 보는 사람의 시각이 달라집니다. 절대중립의 불가능은 TV라는 미디어의 피할 수 없는 숙명인 셈이죠. 행운인지 불행인지 저는 공영방송의 아나운서가 아닙니다. 뉴스를 접하는 시청자 여러분들께 항상 자극적인 존재가 되어야 한다고 생각하고, 이를 업으로 삼고 열심히 노력하고 있습니다. 그래서 사건을 전하고 사견을 논하고 권력을 비판합니다. 그런데 권력을 비판하는 제가 어느 틈엔가 권력을 갖게 되는 아이러니한 상황도 벌어집니다. 이 또한 미디어 사회의 피할 수 없는 역설적인 사실입니다. 하지만 저는 시청자 여러분들께 있는 사실을 그대로 보여주고 시청자 각자의 판단에 맡겨야 한다고 생각합니다.

시청자 : 참 어렵군요. TV의 역사는 아직 짧습니다. 그래서 방송을 내보내는 쪽도 그것을 받아들이는 쪽도 전혀 경험하지 못한 엄청난 양의 정보화 속에서 당혹스러워하고 있죠. 저널리즘으로 방송미디어가 성숙하기 위해서는 쌍방이 발전적인 시행착오를 겪어야합니다. 그래서 지금이 매우 중요한 시기이죠. 아, 여기서 시청자의 한 사람인 소크라테스 선생님의 의견을 듣고 싶군요.

소크라테스 : 나 말인가? 이보게, 나에게는 물어봤자 아무 소용없네. 난 TV를 안 보거든.

시청자 : 정말 그렇습니까? 그래도 아예 안 보시는 건 아니잖아요.

소크라테스 : 하긴, 가끔 일기예보는 보기는 하지.

시청자 : 일기예보요? 북한의 미사일 실험에 대한 뉴스도 안 보신 건 아니 겠죠? 그 정도는 보셨겠죠?

소크라테스 : 안 봤는데.

시청자 : 그럼 얼마 전에 벌어졌던 정권교체는요?

소크라테스 : 미안하네만, 나는 그런 것에 전혀 관심이 없네.

시청자 : 초탈하셨군요. 대단하세요. 그렇지만 격동의 시대를 사는 저희 들은 소크라테스 선생님처럼 세상사에 무관심할 수 없습니다. 살아가는데 뉴스가 반드시 필요하기 때문이죠.

소크라테스 : 하지만 뉴스를 본다고 해서 뭐가 달라지나?

시청자 : 그렇게 말씀하시면 일기예보를 보면 뭐가 달라지죠?

소크라테스 : 적어도 내일의 날씨는 알 수 있지. 밖으로 산책을 나갈 수 있느 냐 없느냐는 나한테 매우 중요한 일이거든.

시청자 : 저희들도 마찬가집니다. 항간에 떠도는 뉴스 하나로 주가가 움

직이고 거래가 달라집니다. 그래서 뉴스는 저희들의 생활에 매우 중요하죠.

소크라테스 : 그렇다면 라디오를 들어도 되지 않는가?

시청자 : 물론 옳은 말씀입니다. 하지만 TV가 있는데 왜 굳이 라디오를 듣습니까? 영상을 통해 뉴스를 전해 듣는 편이 알기 쉽고 재미 있는데요. 시청자로서 바랄 수 있는 당연한 욕구(needs)가 아닌가요?

소크라테스 : 자네는 그것이 누군가의 죽음을 전하는 뉴스라도 그렇게 말할 수 있나?

시청자 : 그건 좀….

소크라테스 : 비행기가 추락해 수많은 사람들이 목숨을 잃었다는 뉴스라도 영상을 통해 보고 듣는 것이 알기 쉽고 재미있으니, 자네는 TV 를 본다는 것이 아닌가?

시청자 : 그런 경우는….

소크라테스 : 비행기 사고로 수많은 사람들이 목숨을 잃고 그로 인해 많은 사람들이 슬픔에 잠겼다는 사실을 아는 것은 나와 아무런 관련이 없네. 그래서 그런 뉴스를 보고 싶은 욕구가 조금도 생기지 않

지. 그래서 일기예보만 보는 거라네.

시청자 : 물론 비행기 사고는 직접적으로 나와 어떤 관련이 없습니다. 하지만 전쟁은 다릅니다. 바다 건너 먼 나라에서 일어난 일이라도 요즘은 국경 없는 시대니까요. 세계 각국의 내일이 바로 저의 내일이 될 수도 있습니다.

소크라테스 : 자네는 걸프전을 텔레비전을 통해서 봤나?

시청자 : 예. 인류 역사상 처음 있었던 전쟁실황 생중계였으니까요.

소크라테스 : 자네는 수많은 사람들이 죽어가고 있다는 것을 TV를 통해 알았고 그것을 지켜봤군.

시청자 : 보긴 했지만 정세를 파악할 필요가 있었기 때문입니다.

소크라테스 : 그래도 보지 않았나? 정세를 파악할 필요가 있었다면 라디오로도 충분했을 텐데. 어쨌든 자네는 TV 앞에 앉아 그 영상을 봤겠군.

시청자 : 그야… 그렇죠.

소크라테스 : 내가 뉴스 프로그램을 좋아하지 않는 이유 중 하나가 바로 그거라네. 타인의 불행을 보기 위해 보는 최악의 취미! 도무지 참을 수가 없네. 세상사에 별 관심이 없는 나와 달리 24시간 바삐 움

직이는 자네에게 그런 영상을 볼 여유가 있다니 놀랍군. 만일 자네가 뉴스 프로그램이 '쇼'처럼 변하고 있다며 비판하고 싶다면 우선 그런 영상을 보는 것부터 그만두어야 할 걸세. 그런 다음에 비판할 자격이 있지.

시청자 : 소크라테스 선생님, 저만 질책하지 마세요. 여기에 있는 저 뉴스 캐스터도 마찬가지라고요.

소크라테스 : 저 사람은 그것이 직업이니 어쩔 수 없지 않은가?

시청자 : 뉴스 프로그램을 인정하지 않는 분이 어떻게 뉴스 캐스터라는 직업은 인정하십니까?

소크라테스 : 인정을 하던 안 하던 뉴스 캐스터는 저 사람이 선택한 직업이라네. 그의 인생이지. 아주 힘든 직업이고. 나는 절대로 흉내 낼 수 없으니까.

뉴스 캐스터 : 제 목표는 '중학생도 알아들을 수 있는 뉴스 프로그램을 만들자'입니다. 하지만 저녁 10시는 술을 한잔 걸친 사람도 많고, 그런 사람들을 자극하는 색다른 멘트를 해야 하죠. 그런 것이 힘들다면 힘든 직업이지요. 하지만 그만큼 보람이 있는 직업이기도 합니다.

소크라테스 : 당연히 그렇겠지. 하지만 내가 힘든 직업이라고 말한 이유는 그

런 이유가 아니라네. 자네는 사망 사건이나 끔찍한 뉴스를 다루더라도 술을 거나하게 걸친 시청자를 위해 흥미롭게 전달해야 하기 때문에 힘들다고 말한 걸세. 바로 타인의 불행에 슬픈 표정을 짓지만 흥미롭게 포장해야 한다는 것이 힘들다는 거지. 정말이지 대담한 행동이 아닐 수 없어. 내게는 불가능한 일이니까.

뉴스 캐스터 : 이 분야에서 저는 프로입니다. 그렇게 할 수 없다면 일을 관둬야죠.

소크라테스 : 대단하군, 대단해! 그런데 한 가지 질문이 있네. 왜 뉴스 보도는 재미있어야 하는 건가? 나는 그 이유를 도통 모르겠네.

뉴스 캐스터 : 그건 제가 조금 전에 말씀드렸듯이, 요즘 시청자들의 강한 취향입니다. 아니, 오히려 욕망이라고 하는 것이 적절하겠군요. 물론 저희들 입장에서도 어쩔 수 없는 스폰서와의 관계가 있습니다. 어쨌든 요즘 사람들은 더 재미있는 것, 더 자극적인 것을 원합니다. 물론 그에 맞춰 미디어도 박차를 가하고 있고요. 서로가 서로를 부추기며 더 이상 되돌아갈 수 없는 상태로 치닫고 있습니다. 인정할 수밖에 없는 현실이죠.

소크라테스 : 나도 그렇게 생각하네. 게다가 사람들은 너도 나도 떠들지 못해 안달이야. 자신의 의견을 말하고 싶어 하지. 자네의 말 한마디도 그런 기대에 부응하기 위해서가 아닌가?

뉴스 캐스터 : 예, 그렇습니다. 시청자들은 어떤 사건에 대해 오늘 밤 제가 무슨 말을 할지 궁금하기 때문에 뉴스를 본다고 해도 과언이 아니죠. 저는 재미있는 것을 찾는 그들의 기대에 부응하는 한편, 아첨 떨지 않는 비판적인 의견을 명확히 제시해야 합니다. 긴장도 많이 되지만 그것이 바로 제가 하는 일의 승부를 결정짓는 중요한 포인트랍니다.

소크라테스 : 그런데 만약에 말일세. 아무런 의견이 없는 경우는 어떻게 하나?

뉴스 캐스터 : 실례지만 다시 한 번 말씀해주시겠습니까?

소크라테스 : 어떤 사건에 대해 아무런 의견도 감상도 없는 경우도 있지 않은가? 그런 때에도 자네는 코멘트를 만들어야 하지 않은가?

뉴스 캐스터 : 네, 물론입니다. 그것이 제가 해야 할 일인 걸요.

소크라테스 : 얼마 전에 내가 질문을 하나 받고 얼마나 곤란했던지. 쓰레기봉투를 반투명으로 만드는 것에 대해 어떻게 생각하느냐고 묻더군. 나는 한 번도 쓰레기봉투에 대해 생각해 본 적도 없는데.

뉴스 캐스터 : 요즘은 의견이 넘쳐나는 시대입니다. 쓰레기봉투에서 정권에 이르기까지. 인간이라면 자신의 의견을 가져야 하죠.

시청자 : 바로 그겁니다. 뉴스 캐스터라는 직업의 책임과 위험성! 뉴스 캐스터가 자신의 의견을 더해 내보내는 정보를 몇 백만 명의 사람들이 보고 듣습니다. 사실 얼마 전에 있었던 총선에서 당신의 뉴스 프로그램의 영향력은 부정할 수 없습니다. 그렇다고 저널리즘으로써 TV미디어의 가능성을 봉쇄하려는 정치인들의 자세는 더욱 용납할 수 없습니다. 앞으로 TV와 정치는 더욱 더 떼려야 뗄 수 없는 관계가 될 겁니다. 그러니 이 점을 확실하게 자각해야 할 겁니다.

뉴스 캐스터 : 예, 이렇게 된 이상 끝까지 가볼 작정입니다.

소크라테스 : 뭔가 흥미진진해 보이는데 나도 한번 볼까나.

시청자 : 무슨 말씀이세요? 이래서 제가 문제라고 한 겁니다. 자신의 의견도 없이 재미만 추구하는 사람들에게 미치는 영향이 문제라고요.

소크라테스 : 아니, 그렇지 않네. 의견이 없으니까 오히려 TV의 영향을 받지 않는 것이라네.

시청자 : 그건 궤변이세요. 무책임한 태도고요.

소크라테스 : 그럼 의견이 많은 것 같은 자네가 TV의 영향에 대해 그렇게 걱정하는 이유는 뭔가?

시청자 : 저는 확고한 제 의견을 갖고 있습니다. 그래서 제가 걱정하는 것은 확고한 의견을 갖지 못한 사람들에게 미치는 TV의 영향입니다.

소크라테스 : 하지만 자네의 의견이 그렇게 확고하다면 타인이 텔레비전의 영향을 받든 말든 자네의 의견에는 어떤 영향도 미치지 않을 텐데.

시청자 : 물론 그렇습니다. 하지만 텔레비전의 영향을 받은 의견이 큰 여론을 형성하면 상황은 달라집니다. 저는 그런 여론에 맞서 제 의견을 말해야 하니까요.

소크라테스 : 그렇다면 확고하다는 자네의 의견도 사실은 여론에 영향을 미치는 TV의 영향을 받는다고 할 수 있겠군.

시청자 : 네네, 좋습니다. 인정하죠. 그것이 요즘 시대의 모습이니까요. 그리고 소크라테스 선생님처럼 의견을 갖지 않는 것보다는 저처럼 의견을 갖는 편이 훨씬 책임 있는 삶이 아닐까요?

소크라테스 : 음, 분명히 내게 의견 같은 것은 없네. 다른 사람에게 말하고 싶은 것도, 들려주고 싶은 것도 없지. 하지만 나는 확고한 '사고(思考)'를 갖고 있네. 내가 갖고 있는 사고는 TV의 보도나 여론의 영향에 좌지우지되는 수준의 것이 아니지만 그러나 우주에서 지구가 송두리째 사라진다 해도 그 사고는 바뀌지 않을 만큼 매우

확고하지. 왜 그런지 아나? 사고라는 것이 자신의 것이 아니기 때문이라네. 그래서 다른 사람들에게 일부러 주장할 필요도 없고 책임을 질 필요도 없지.

시청자 : '정말 이상한 분이야. 소크라테스 선생님이 도대체 무슨 말씀을 하는 건지….' 도통 모르겠습니다.

소크라테스 : 그렇게 답답해 할 필요 없네. 자네는 누군가의 의견이 반드시 그의 사고가 아니라는 것만 알면 되니까.

시청자 : 그럼 여론과 아무 관련도 없는 사람이 뉴스 프로그램을 꼭 보려는 건 뭡니까? 갑자기 심경에 변화라도 생겼기 때문입니까?

소크라테스 : 자네가 말한 대로 순수한 흥미라네. 오락이지. 당연하지 않은가? 내가 그런 이유 말고 일부러 TV를 틀어 놓고 다른 사람의 의견을 들을 필요가 있겠는가?

뉴스 캐스터 : 그럼 텔레비전 화면 속에서 떠드는 저도 오락 차원에서 보시려는 거군요.

소크라테스 : 그렇다네. 하지만 그것이 바로 자네의 프로의식이지 않은가?

뉴스 캐스터 : 물론입니다. 텔레비전이라는 미디어가 갖는 상반된 두 가지 성질, 즉 오락성과 보도성이 상충하는 그 접점에 제가 서있다고 생

각합니다. 제 의견을 어떻게 듣고 어떻게 비판할지는 결국 시청자 한 사람 한 사람의 몫이니까요. 그리고 마지막에는 정치와 권력의 문제에 이를 수밖에 없는데, 만일 저의 말 한마디가 정권을 움직이게 된다면 저 역시 신중하게 행동해야겠죠. 하지만 그렇기 때문에 오히려 두려움 없이 당당하게 행동해야 할 필요도 있다고 생각합니다. 사회의 목탁인 저널리즘으로서 TV라는 매체의 미래가 저의 양어깨에 달려 있으니까요.

소크라테스 : 자네, 그렇게 애쓰지 않아도 되는데. 자네는 지금도 충분히 사회에 기여하고 있네.

뉴스 캐스터 : 그렇게 말씀해주시니 감사합니다. 흐뭇하네요.

소크라테스 : 그런 뜻이 아니고, 자네들 덕분에 사회의 목탁인 TV 뉴스에서 나오는 의견을 듣고도 가볍게 흘려버리는 습관을 갖게 됐다는 말이네. 듣고 싶어서 듣는 사람이 없으니 좋은 일이 아닌가? 항상 비판적인 자네도 바라던 바가 아닌가? 그러니 자네도 시청자들이 자네 의견을 어떻게 듣던 너무 신경 쓰지 말게나.

뉴스 캐스터 : 저는 모든 시청자가 소크라테스 선생님 같다고는 생각하지 않습니다. 90%의 오락성과 10%의 진실성을 알아줄 진지한 시청자가 어딘가에 있다고 저는 믿습니다. 또한 제가 진행하는 프로그램이 자신의 판단력을 기르는 계기가 될 거라고도….

소크라테스 : 나는 시청자로서 오히려 뉴스 캐스터가 100%의 오락성을 추구하길 바라네. 옳은 말만 하려 하지 말고 입에서 튀어나오는 대로 준비하지 않은 멘트도 종종 한 번씩 날려보게나. 그런 오락적인 프로그램에 불만을 터뜨리는 사람은 확고한 자신의 의견을 가진 사람일 테니. 시청자의 판단력을 단련하고 싶다면 그러는 편이 훨씬 효과적일 거야. 두려워 말고 하고 싶은 대로 다 해보게나. 그래봤자 깡통 같은 TV가 아닌가?

뉴스 캐스터 : 말대답처럼 들리실지 모르겠지만, 만약을 위해 다시 한 번 말씀드리겠습니다. 지금은 그런 미디어 매체가 정치 그 자체입니다.

소크라테스 : 무슨 말인가? 그러니까 더욱 더 그래야지. 자네, 요즘 세상에 정치적인 행동 그 이상의 오락이 어디에 또 있다고 생각하는가? 무료함을 달래기 위해 그 이상 좋은 것은 없다네. 자네는 그것이 가능한 입장이니 의견이나 비판이라는 그런 구차한 겉치레는 집어치우고 당당하게 정치인이 되거나 권력을 가져보게나. 권력은 참으로 좋은 거라네. 시청자도 국민도 스폰서도 다 자네 뜻대로 할 수 있지. 정치성도 오락성도 누구를 위한 것이 아니라 오로지 자네의 것이네. 시끄럽게 떠드는 뉴스 캐스터보다 멋지고 당당하지 않은가? 나 같으면 뉴스 캐스터 겸 정치인이 되겠네. 어떤가? 멋지지 않은가? 어차피 이리 구르든 저리 구르든 이 세상을 사는 건 매한가지니까.

제7장

학자는 누구인가?

소크라테스

구학자

신학자

구학자 : 오, 소크라테스! 위대한 사람이여! 진리를 위해 자기 자신을 바치고 비천한 우리들을 때로는 엄하게, 때로는 자상하게 이끌었던 빛나는 인류의 별! 당신을 이렇게 만날 수 있다니, 불초한 제 가슴은 감격 그 자체입니다.

오, 소크라테스여! 생각해보면 동문수학하던 벗들이 '진실의 실상은 이해할 수 없다'며 젊은 나이에 폭포수의 물에 몸을 던졌던 그 시절, 소생도 진리의 광명을 찾기 위해 무척 방황했습니다. 데카르트, 칸트, 쇼펜하우어를 추종하며 그들을 칭송하는 노래를 불렀고, 변증법의 정반합(正反合)도 공부했습니다. 청춘의 질풍노도, 열정과 번민 그리고 아득히 멀고 높은 진리의 최고봉을 향한 동경! 지금은 소생도 늙어 플라톤을 읽는데 벅차지만, 진리 탐구를 위해 바친 제 마음과 인생을 결코 후회하지 않습니다.

신학자 : 허허, 웃음만 나오는 군요. 너무 구식입니다. 절대적 진리의 인식론(Epistemology)이 믿어졌던 '올드 굿 데이즈'는 이미 끝났습니다. 포스트모던 그리고 포스트 포스트모던을 거쳐 인간은 시뉴(signe)로 해체되었고, 문자(écriture)의 유희와 표상(représentation)의 차이만이 존재합니다. 앞으로 우리는 텍스트의 디컨스트럭션(deconstruction)을 조명해야 합니다. 자크 데리다, 펠릭스 가타리, 질 들뢰즈도 그렇게 말했어요. 프랑스의 지(知)의 최전선에서 플라토니즘에 대한 해석도 이전과는 많이 달라졌습니다. 문학이

이렇게까지 경직된 이유는 탑 안에 틀어박혀 책만 읽으면 된다고 믿었던 어수룩한 영감들 때문이라고요.

구학자 : 소크라테스! 학문을 탐구하는 자로서 진리에 대한 경외심을 잃고 저렇게 입만 나불대는 자들이 대중매체에 멋지게 등장하니, 이 나라 학문의 앞날이 참으로 암울합니다.

신학자 : 제 말은, 학문이라는 것이 시대를 초월해 존재할 수 있다고 생각하는 것 자체가 어수룩한 환상이라는 겁니다. 세기말의 지(知)는 테크놀로지, 예술, 패션 등을 통해 복합적으로 나타나고 있어요. 또한 새로운 시대의 지(知)의 퍼포먼스는 뉴욕, 파리, 도쿄, 서울, 홍콩을 마구 넘나들고 있고요.

소크라테스 : 뭔지 모르겠지만 꽤 즐거워 보이는군. 평소에 텔레비전도, 잡지도 보질 않으니 몰랐는데, 요즘은 학자들이 꽤 세상의 주목을 받는 모양이야. 공부하는 사람들이 인정받고 그런 사람들이 그렇게 멋지고 훌륭한 직업을 가질 수 있는 세상이라면 학자가 되고 싶어 하는 젊은이들도 많겠는데.

신학자 : 뭐 그럭저럭 있습니다. 하지만 머리가 나쁜 사람에게는 무리에요. 명문대 출신 정도면 몰라도요. 그리고 어학 실력이 뛰어나거나 최신 텍스트를 정확히 파악할 수 있을 정도는 돼야 하죠. 이과계의 지식도 최소한 필요합니다. 과학과 문학이 융합된 분야에서는요.

구학자 : 신학자라는 작자들은 치켜 세워주면 더 기어오르니 큰일입니다. 이런 현학적인 녀석들에게 학문에 대한 애착이 있겠습니까? 자네, 사람을 바보 취급해도 정도라는 것이 있네. 학문은 수험공부도 아니고 이렇게 저렇게 시대에 따라 바뀌는 유행도 아니네. 고전을 읽고 인생에 대해 진지하게 생각해보게.

소크라테스 : 자자, 이제 그만들 좀 다투게. 자네들이 하는 말을 들어보니 자네들은 둘 다 박식한 것 같은데. 게으른 내가 당할 재간이 없을 정도야. 그러니 우선 자네들이 생각하는 학문이 뭔지 내게 말해주겠나?

구학자 : 진리는 학(學)으로써는 순수한 자기전개적(自己展開的) 자의식이고, 자기(自己)라는 형태를 갖습니다. 즉 즉차향자적(卽且向自的)으로 존재하는 것은 의식된 개념이지만, 그러나 또한 개념 그 자체는 즉차향자적으로 존재하는 것이라는 식의 형태를 갖죠. 그리고 이러한 객관적 사유가 순수학의 내용입니다. 헤겔이 그렇게 말했습니다.

신학자 : 문자의 개념이 학(學)의 영역을 결정합니다. 문자의 출현은 곧 유희의 출현입니다. 오늘날 이 유희는 앞으로 기호의 유통을 규제할 수 있다고 믿어왔던 곳의 한계를 지우고, 안전하게 의미된 모든 것을 떠밀어버리며 또한 유희의 밖에서 언어의 영역을 감시하고 있던 모든 요새, 모든 피난소를 버리고 자기 자신으로 향하

고 있습니다. 이는 엄밀히 말해 기호의 개념과 그 모든 논리를 파괴하는 것입니다. 자크 데리다가 그렇게 말했습니다.

소크라테스 : 음, 뭐가 뭔지 모르겠군. 그럼 학문론이라고 합세. 학문론을 좀 더 쉽게 설명할 수는 없나?

신/구학자 : 쉽게요? 그건 좀 힘들겠는데요. 말 자체가 어렵거든요.

소크라테스 : 헤겔과 자크 데리다가 한 말이 그렇다는 거지? 하지만 나는 자네들에게 물었네. 그들에게 물은 게 아닐세. 학문에 대해 어떻게 생각하는지 자네들의 말로 설명해주게.

구학자 : 저는 자신의 인생과 인류의 진보를 위해 선대 사람들에게 진리를 배우는 것이라고 생각합니다.

신학자 : 굳이 말한다면, 저는 반대로 그런 순수한 진리를 해체해서 보여주는 행위라고 생각합니다.

소크라테스 : 역시 인문학은 성가시다니까. 학문에 대한 사고방식부터 이렇게 다르다니…. 하지만 자네들은 학문이 무엇이든 타인의 생각을 통해 배운다는 점에서는 일치하는 것 같은데, 그렇다면 배움이란 무엇이라고 생각하는가?

신/구학자 : 타인의 생각에 대해 자기 스스로 생각해보고 자신의 것으로 만드는 것입니다.

소크라테스 : 그렇군. 하지만 그 누구라도 생각할 때에 스스로 직접 생각하지. 누구도 타인의 뇌를 빌려 생각할 수 있는 사람은 없네.

신/구학자 : 도, 도대체 무슨 말씀을 하시려고 그러십니까?

소크라테스 : 타인의 생각을 자기 스스로 생각하는 것과, 타인의 생각을 자기 스스로 생각하고 있다고 생각하는 것을 어떻게 구분하지?

신/구학자 : 구분할 수 없죠.

소크라테스 : 그러면 자기 스스로 생각하고 있다고 자신은 생각해도, 그냥 생각만 하고 있는 것에 지나지 않을 수도 있겠군.

신/구학자 : 그렇죠.

소크라테스 : 그렇다면 타인의 생각이 그 사람의 것이 됐다는 것을 우리는 어떻게 알지? 말하는 방식은 달라도 똑같은 것을 말할 수 있으면 그 사람의 것이 됐다고 생각할 수밖에 없는데….

신/구학자 : 그럼 헤겔이나 자크 데리다의 생각이 누구의 것이라도 상관없다는 말씀인가요?

소크라테스 : 헤겔이든 자크 데리다든 누구든 상관없네. 자네들은 방금 전에

배움이란 타인의 생각을 자기 스스로 생각하고 자신의 것으로 만드는 것이라고 했네. 자신의 것이 된 타인의 생각은 결국 자신의 것이 아닌가? 그렇다면 어디에 사는 누가 그렇게 말했다고 언급할 필요가 없지 않은가?

신/구학자 : 하지만 생각은 본래 누군가가 생각했기 때문에 존재하는 것이 아닙니까?

소크라테스 : 자네들은 인간이 왜 생각을 한다고 보는가?

구학자 : 인생의 절대적 진리를 알기 위해서 입니다.

신학자 : 굳이 말하자면 세계 인식의 상대성을 알기 위해서죠.

소크라테스 : 자신의 존재나 세계의 존재가 불가사의하기 때문에 생각을 하는 거라네. 그 계기는 자연과학자와 마찬가지. 자연 과학자들은 '$E=mc^2$'라는 수식을 손에 넣었네. 아인슈타인이라는 과학자가 발견한 법칙인데 우리는 이 법칙, 즉 우주에 대한 생각과 사고를 아인슈타인 개인의 소유라고 말하지는 않지 않은가.

신/구학자 : 그렇죠.

소크라테스 : 그래서 그것은 항상 여기에 존재하고 그것에 대해 생각하려는 사람은 누구나 그것을 사용해 생각할 수 있다네.

신/구학자 : 예?

소크라테스 : 그 누구의 것도 아니기 때문에, 그래서 '나는 이렇게 생각해', '네 생각은 시시해', '그들의 생각은 이렇게도 해석할 수 있다'는 식의 싸움은 일어날 수가 없는 거라네.

신/구학자 : 하지만 근본적인 방법이 다릅니다. 그들에게는 수학이라는 편리한 도구가 있지만, 저희들은 언어라는 까다로운 도구로 표현해야 하죠. 그래서 난해해질 수밖에 없습니다.

소크라테스 : 그런가? 사람이 생각한다는 것은 무언가에 대해 생각한다는 것이 아닌가?

신/구학자 : 그렇죠.

소크라테스 : 존재하지 않는 것에 대해 생각할 수 있나?

신/구학자 : 아니요. 존재하지 않는 것은 생각할 수 없습니다.

소크라테스 : 그 무언가가 구체적으로 무엇인지는 몰라도, 그 무언가가 어떤 무엇인지는 알기 때문에 생각할 수 있는 거지?

신/구학자 : 예, 그렇죠.

소크라테스 : 그렇다면 그 무언가가 어떤 무엇인지를 알기 위해 생각하는 것

은 모르는 것을 생각하는 것이 아니지? 그렇다면 사람은 자신이 전혀 모르는 것에 대해서는 생각할 수 없지 않은가?

신/구학자 : 무슨 말씀이신지 모르겠습니다.

소크라테스 : 헤겔이나 자크 데리다에게 물어보게. '지금 난해한 것을 생각하고 있다.'고는 말하지 않을 걸세.

신/구학자 : 그럴까요?

소크라테스 : 그럼. 무언가를 생각하는 것은 항상 그 사람 자신에게는 명백한 일이네. 난해하다는 것은 말로 표현되기 이전의 그 사람의 생각을 자신의 것으로 만들지 못하는 타인의 의견일 뿐이야. 그런데 우리는 도대체 왜 타인의 생각에 대해 '모르겠다', '어렵다'라며 심각하게 고민해야 하는 건가?

신/구학자 : 그것이 배움이기 때문입니다.

소크라테스 : 하지만 배우기 위해서 자기 스스로 생각해야 한다고 자네들은 말했네. 그리고 생각하는 것은 인생이나 세계를 인식하는 것이라고도 했지. 그렇다면 여기에 존재하는 인생이나 세계에 대해 생각하는데 왜 일부러 타인의 생각을 경유할 필요가 있는 건가? 혼자 스스로 생각하는 편이 훨씬 더 빠를 텐데….

신/구학자 : 하지만 그것은 독선에 빠질 위험이….

소크라테스 : 지금 독선이라고 했나? 하지만 자네들은 방금 전에 생각은 누구의 것도 아니라고 인정했네. 그렇다면 어떻게 어느 생각을 자신의 소유라며 누구를 향해 옳다고 주장하지?

구학자 : 무슨 말씀인지 알겠습니다. 비록 제게 재능은 없지만, 저는 허세를 부리며 제 삶을 진리 탐구에 바친 것은 아닙니다. 높고 높은 보편적인 진리가 되잖은 이치와 다르다는 것쯤은 잘 알고 있습니다. 그래서 뉴아카데미즘이나 포스트 어쩌고에 대해서는 잘 모르지만, 생각의 본질을 잊고 입만 나불대는 녀석들을 보면 참을 수가 없습니다. 소크라테스, 당신도 저 녀석에게 한마디 해주십시오. 가끔은 침착하게 생각해보라고 말입니다.

소크라테스 : 알겠네. 하지만 나도 그 포스트 어쩌고에 대해서는 전혀 모른다네. 제멋대로 이곳저곳을 어슬렁거리면서 생각하는 습관이 몸에 배어서 그런지 새로운 것에는 어두워. 그러니 자네가 가르쳐 주지 않겠나?

신학자 : 포스트모던은 한마디로 소박한 인간주의, 즉 자아를 실체라고 생각하는 사상은 끝났고, 세계는 문자 즉 비실체적인 기호의 유희에 지나지 않는다는 사상입니다.

소크라테스 : 그렇군. 그래서 자네는 세상과 유희를 즐기고 있는 건가?

신학자 :   네?

소크라테스 : 왜냐하면 나는 이전부터 내 자아가 절대적인 무언가라고 믿었던
          적이 없네. 그럼 나도 유행의 사상을 선도했다는 뜻이 아닌가?
          방금 언급한 '생각은 그 누구의 것도 아니다'라는 것도 꽤 괜찮은
          말이지 않나?

신학자 :   이제 와서 소크라테스라니요? 너무 구닥다리에요. 촌스러워서
          말도 못하겠네요. 사상은 항상 새롭고 멋져야 한다고요.

소크라테스 : 그렇다면 내가 실례를 했군. 하지만 자네의 일은 사상(思想)을 곰
          팡이 냄새가 펄펄 나는 탑 안에서 우리가 사는 마을로 가지고 나
          오는 것이 아닌가? 흔히 말하는 '살아있는 사상'이지?

신학자 :   그런데요.

소크라테스 : 지금 자네가 갖고 있는 사상은 자아가 완전히 사라진 건가?

신학자 :   예, 그렇다고 할 수 있죠.

소크라테스 : 그런 것 치고 자네는 상당히 자기현시욕이 강한 것 같네. 자아가
          없다고 주장하는 사람의 자아가 강하면 자네와 자네의 사상은
          어떤 관계에 있는 거지?

구학자 :   소크라테스! 허영심만 가득 찬 이런 녀석은 유행에 따라 옷을 갈

아입듯이 사상도 이것저것으로 갈아입을 수 있다고 생각합니다. 인생이라는 사실은 언제나 동일한 것인 줄도 모르면서 도대체 뭘 생각한다는 건지.

소크라테스 : 그건 자네 말이 옳네. 우리가 생각해야 할 것은 인생이라는 불변의 사실에 대해서지. 하지만 그렇기 때문에 인생론과는 별개의 것이라네.

구학자 : 왜죠? 학문이 인생을 이끌어주지 않는다면 무엇을 위한 학문이라고 말씀하시는 겁니까? 인생철학의 시조인 소크라테스 당신이 그런 말을 하다니, 이해가 안 됩니다.

소크라테스 : 자네는 모노오리 노리나가(本居 宣長)라는 학자를 알지?

구학자 : 예, 알고 있습니다.

소크라테스 : 그는 2층에 있는 자신의 서재에 올라간 다음에는 언제나 사다리를 치웠다고 하네.

구학자 : 그런데요?

소크라테스 : 방금 전에 자네는 사색(思索)은 인생에 대해 생각하는 것이라고 말했네. 인생이란 결국 무엇인가?

구학자 : 살다가…. 그리고 죽는 것이죠.

소크라테스 : 그렇다네. 우리의 인생은 단적으로 표현하자면 살다가 죽는 거라네. 그 뿐이지. 그런데 자네는 학문이 실제 인생에 관여한다고 생각하는가? 사실 학문을 한다고 태어나지 않는 것도 아니고, 죽지 않는 것도 아니라네. 먹고 자는 행위와도 아무런 관계가 없지.

구학자 : 인생에서 학문은 무용지물이라는 뜻인가요?

소크라테스 : 유감스럽게도 그런 의미에서는 그렇다네. 하지만 인류는 학문을 가졌고, 무용지물임에도 불구하고 사라지지 않았어. 그 이유가 무엇이라고 생각하나?

구학자 : 애착 때문이겠죠.

소크라테스 : 그렇다네. 학문은 생각하는 것 자체가 마냥 좋고, 생각하지 않으면 성에 차지 않는 특이한 사람들이 해온 일이라네. 무엇을 위해서 한 것이 아니지. 허영은커녕 이 세상의 모든 손득(損得)과 학문은 처음부터 별개의 것이었네. 모노오리 노리나가가 사다리를 치운 것도 같은 맥락이지. 학문이 탑 안에서 지켜져야 하는 것은 이런 의미에서 필요한 거라네.

구학자 : 실제 인생과 학문은 별개는 아니지만 별개라는 뜻인가요?

소크라테스 : 그렇다네. 대개 인생에 대해 생각하면서 어떻게 동시에 동일한 생각으로 인생을 이끌거나 구할 수 있겠는가? 그것은 마치 자기

스스로 자신의 머리를 잡고 뛰어 오르려는 것과 같지 않은가?

구학자 : 하지만 애당초 처음 말을 꺼낸 사람은 바로 소크라테스 선생님, 당신이지 않습니까? 인생의 진리인식 어쩌고 라며 말을 꺼낸 사람은 선생님입니다.

소크라테스 : 그렇다네. 말을 꺼낸 사람은 분명히 나라네. 하지만 나는 단 한 줄도 글로 남기지 않았어. 그 이유가 뭔지 아는가?

구학자 : 그야 선생님께서 인식한 진리의 실상이 해석이 불가능하기 때문이 아닙니까?

소크라테스 : 그렇기는 하네만, 서투르게 글을 남겨 후세의 학자들을 어렵게 만들고 싶지 않았기 때문이라네.

제8장

유행이란?

소크라테스

멀티플래너

트렌드크리에이터

카피라이터

멀티플래너 : 어이, 자네 소크라테스라는 이름 들어 본 적 있어? 난 그런 사람이 있는 줄 몰랐네. 철학을 시작한 아저씨라던가? 학교 수업시간에 들어본 것 같기도 하고. 하여간 이름부터가 촌스러워. 같은 철학자라 해도 세련된 단어를 섞어서 고감도로 조합하면, 조금은 현대적인 느낌이 날 수도 있었을 텐데 말이야. '줄리아나 소크라테스'나 '소크라테스 제임스'는 어때? 하하. 물론 농담이야.

트렌드 크리에이터 : 소크라테스? 의외로 느낌이 좋은데. 요즘에는 오히려 색다른 것에 싫증을 내는 사람들이 많아. 촌스러운 게 새로워 보이고 더 재미있는 것이 될 수도 있거든. 세상은 나처럼 재능 있는 사람들이 발신하는 신호대로 움직이니깐. 나도 내 재능에 감탄하고 있어.

카피라이터 : 내 생각엔 철학은 어감이 별로야. 왠지 듣는 사람을 거부하는 듯한 뻔뻔스러운 느낌이 들어. 요즘 시대에는 부드러운 말, 나아가서는 약간의 거리감을 주는 느낌의 말이 인기가 있으니까.

멀티플래너 : 그럼 소크라테스라는 아저씨의 촌스러운 이름에 대해서는 '소크라테스 제임스'라는 선에서 마무리하고, 다음 트

랜드에 대해 생각해 볼까? 레트로 한 지성을 콘셉트로 해서 가벼운 마음으로 시작해 보자고. 패션은 60년대를 참고하기로 하자고.

트렌드 크리에이터 : 우리 한번 조금은 진진하게 얘기해보자고. 하지만 어디까지나 우리답게 하는 거야. 카피는 무엇으로 할까?

카피라이터 : 좋아, 그렇게 해보자고. 이 경우에는 오히려 정면으로 부딪히는 게 좋을 것 같아. 예를 들면 '철학'을 내세우고는 원숭이가 칸트를 읽는 상황을 만든다던가.
소크라테스! 어떠세요?

소크라테스 : 나? 나보고 말하라는 거야? 글쎄. 답변하기 매우 어려운데…, 너희들 얘기는 내가 듣기에는 뜬구름 잡는 얘기로 들리는 것 같아. 나야말로 너희들에게 궁금한 게 있어, 너희들이 하는 일은 대체 뭐냐?

멀티플래너 : 저는 트랜드, 즉 시대의 유행을 만들어냅니다. 항상 시대의 흐름을 한 발 앞서 읽어내야 하는 민감한 감성이 필요한 일이죠. 현대는 물건과 정보의 홍수 속에서 사람들이 자신의 정체성을 잃어가는 시대입니다. 놀이, 패션, 라이프스타일, 모두가 자기 혼자서는 스스로 정하질 못해요. 그런 의미에서 보면 불쌍한 사람들이라고 볼 수 있죠. 그래서 우리가 매뉴얼을 제공하는 거구요. 이렇게 하면 재미

있다, 여자들에게 인기가 있다고 가르쳐주는 겁니다. 소크라테스 당신이 보기에 이것이 정말로 쓸데없는 짓이라고 생각하십니까? 저는 가끔 '이 인간들은 바보가 아닐까'라는 생각이 들기도 한다니까요. 그래도 우리가 만들어내는 트랜드로 돈이 움직이고 물건이 움직이고 사람이 움직이는 걸 보면 기분이 좋습니다. 우리의 재능이 입증되는 셈이니까요.

트렌드 크리에이터 : 그렇긴 하지만, 넘쳐나는 정보들 때문에 눈이 높아진 사람들의 마음을 사로잡으려면 상당한 상상력이 요구됩니다. 사람들은 유행이 촌스러운지 세련됐는지, 정말로 민감하게 포착하죠. 세련됐다는 건, 미묘하게 새롭다는 뉘앙스, 너무 기발하면 안 되는 것, 이로 인해 자신은 남과 다르다는 나약한 우월감을 흔들어놓죠. 이렇게 유행이 한차례 통용되고 지나가고 나면, 사람들은 다시 새로운 걸 찾아요. 자신이 사람들과는 다르다고 여겨지고 싶기 때문이죠. 그래서 우리의 일이 창조적이라는 겁니다. 대중심리를 앞서 파악하기 위해서는 항상 긴장의 끈을 놓을 수가 없어요. 힘들다면 힘든 직업입니다.

카피라이터 : 요즘 시대의 분위기는 우선 말에 반영돼요. 아니, 오히려 반보 앞선 말이 시대의 분위기를 만든다고 할 수 있어요. 한 줄의 광고 카피, 한 단어의 네이밍으로 상품이 팔리고

유행하지요. 말 하나로 트렌드를 이끌어가는 쾌감은 최고예요. 또, 카피 한 줄로 보통 사람들이 1년 동안 땀을 흘리고도 벌어들일 수 없는 돈을 벌어들이는 카피라이터를 동경하는 젊은이들도 많고요.

소크라테스 : 그렇군. 하긴 다양한 직업이 성립하는 시대니까. 난 유행은 저절로 그렇게 되는 건 줄 알았네, 요즘 유행은 만들어진 거였군.

세 사람 : 그런 것이야말로 정보화 대중 소비사회의 특징이지요. 우리 같은 뛰어난 유행 선도자들이 필요한 이유이기도 하고요.

소크라테스 : 흠. 내가 자네들에게 하나 물어봐도 될까?

세 사람 : 물론이죠. 뭡니까?

소크라테스 : 왜 유행이라는 게 존재하지?

세 사람 : 예? 왜라뇨?

소크라테스 : 사람들이 유행을 따르지 않으면 살 수가 없다거나 아니면 죽거나 그러는 거야?

세 사람 : 그렇지는 않습니다. 유행은 최소한의 생활이 충족된 후에

즐기는 오락이라고나 할까요.

소크라테스 :　하지만 유행과 관계없는 오락도 있잖아. 취미란 게 바로 그런 거 아냐? 나는 혼자서 아무것도 하지 않는 것도 최고의 취미라고 생각하는데.

세 사람 :　현대의 대중들은 불안해합니다. 혼자 있는 것, 아무 것도 하지 않는 걸 견디지 못해요. 유행은 혼자 즐기는 취미와는 달리 폭넓게 정보를 소비하는 오락입니다. 꼭 내용이 중요한 건 아니지만, 다른 사람들이 모두 하는 것을 나도 함으로써 즐겁다고 생각해요. 일종의 불안심리가 만들어 낸 기묘한 오락이랄까요. 특히 젊은 세대는 다른 사람에게 촌스럽게 보이는 걸 무엇보다 두려워해요. 그리고 다른 사람보다 먼저 유행을 따름으로써 앞서나간다는 우월감에 젖는 거죠.

소크라테스 :　그 말인 즉, 유행이란 항상 다른 사람과의 비교 관계에서 성립되는 현상이라는 건가?

세 사람 :　물론입니다. 지금은 자아상실과 관계성의 시대이니까요.

소크라테스 :　그런데 어떤 사람에게 있어서, 그 사람 자신과 다른 사람 중에서 하나라도 없으면, 그 사람은 존재할 수 없는 건가?

세 사람 :   네, 뭐라고요?

소크라테스 :   자신과 다른 사람 중에서 한 쪽이라도 존재하지 않으면, 존재할 수 없는 사람은 누구냐는 거지.

세 사람 :   그건 자기 자신이죠.

소크라테스 :   그럼 유행이 존재하지 않으면 다른 사람과 자신을 비교하는 것도 불가능하겠네?

세 사람 :   당연하죠.

소크라테스 :   현대는 자아상실의 시대라면서, 그래도 역시 각자가 자아를 갖고 있었군.

세 사람 :   그건 그렇습니다.

소크라테스 :   그렇다면, 유행이 존재하지 않으면 존재할 수 없는 사람과, 유행에 따르지 않아도 존재할 수 있는 사람 중에서 어느 쪽이 더 우월할까?

세 사람 :   네, 뭐라고요?

소크라테스 :   예를 들면 물이 없는 물고기와, 물고기 없는 물중에 뭐가 더 우월하냐는 말이야.

세 사람 : 그야 당연히 물고기 없는 물이지요.

소크라테스 : 그렇다면 다른 사람이 없으면 존재할 수 없는 사람과 다른 사람이 없어도 존재할 수 있는 사람 중에서는 누가 더 우월한가?

세 사람 : 후자입니다.

소크라테스 : 자네들은 유행이란 다른 사람과의 비교 관계로 성립하는 현상이라고 했어. 그리고 유행을 앞서 갈수록 인간은 우월 감에 젖는다고 했지. 그렇다면 유행이라는 현상을 놓고 볼 때, 우월하지 않은 사람일수록 우월감에 젖을 수 있다는 말인데, 내 말이 맞나?

세 사람 : 말하자면 저희는 감각을 파는 장사꾼이죠. 단순히 유행을 따르는 사람들은 자기만의 주장이나 재능을 표현을 하지 않기 때문에 다들 비슷해 보여요. 반면 저희들처럼 유행 을 선도하는 사람들에겐 굉장한 재능이 요구됩니다.

소크라테스 : 어떤 대상을 비교한다는 건, 한 쪽이 형상에서 우월한지 아닌지, 색채에서 우월한지 아닌지를 비교하는 거 아냐?

세 사람 : 네?

소크라테스 : 한 쪽은 형상으로, 다른 쪽은 색채로 서로를 비교할 수는 없잖아.

세 사람 : 그건 그렇지만….

소크라테스 : 비교란 성질이 같은 것들끼리 하는 거지, 성질이 전혀 다른 것들은 비교할 수가 없는 것이지.

세 사람 : 그렇지요.

소크라테스 : 그럼 자네들이 대중과 비교한다는 것은, 자네들과 대중이 서로 같음을 인정하는 것 아니야? 그렇다면 우월하지 않은 대중을 이끄는 데 재능이 있다는 말은 곧 우월하지 않은 사람들보다 우월하다는 말이지. 무슨 말인지 알겠나? 대중 심리를 앞서 읽는 게 우월하다는 말은, 우월하지 않은 대중보다 우월하다는 말이잖아? 그렇지 않은가?

세 사람 : 소크라테스, 우리가 싫으신가요?

소크라테스 : 자네들이 싫다니, 그럴 리가 있나. 아무튼 자네들도 성질이 같은 것끼리의 비교만이 성립한다는 걸 인정했잖아. 자네들과는 전혀 성질이 다른 내가 자네들과 나를 비교하거나 싫어할 수 있을 리가 없지.

세 사람 :	그럼 왜 그렇게 아니꼽게 말씀하시는 겁니까?
소크라테스 :	자네들은 그렇지 않은 것이 없으면 성립하지 않는 것보다 그렇지 않은 것이 없어도 성립하는 쪽이 우월하다는 것도 인정했어. 즉, 대중은 자네들이 없어도 살아갈 수 있지. 유행은 사람의 생과 사와는 관계없다는 것을 자네들도 인정했지 않은가? 하지만 자네들은 대중이 있어야만 존재할 수 있잖아. 그 말은, 대중이 자네들보다 우월하다는 말이 아닌가. 내 말은 자네들이 그들보다 대단한 척하는 건 이상하다는 말이야.
세 사람 :	하지만 사람들은 우리가 제안하는 판단 기준을 원합니다. 사람들은 스스로는 아무것도 정하지 못해요. 뭘 고르기는 커녕, 연애도 못합니다. 그야말로 무능하다고 밖에는 설명할 수 없지 않습니까?
소크라테스 :	하지만 자네들이 제안하는 기준도 촌스러움과 세련됨, 둘 중 하나일 뿐이잖아. 내 말이 좀 심하다는 생각이 드나?
세 사람 :	하지만…….
소크라테스 :	예를 들어, 나를 한 번 바라보게. 내 모습은 자네들과는 전혀 비슷하지 않지. 내 모습은 2천 년 전부터 전혀 변함이 없어. 이런 사실을 자네들의 기준에서는 어떻게 판단하지?

세 사람 : 촌스럽다고 합니다.

소크라테스 : 2천 년을 다 헤아려보고 하는 말인가?

세 사람 : 무슨 말을 원하시는 겁니까? 그럼 세련됐다고 하죠.

소크라테스 : 2천 년 동안 전혀 변함이 없는데도?

세 사람 : 유행은 돌고 도니까요. 예전에는 촌스러웠던 것이 세련된 것이 되어 유행하기도 합니다.

소크라테스 : 그래? 유행은 돌고 돈다는 말이지…. 하지만 2천 년 동안 내가 본 것은 돌고 도는 건 인간이었어. 다만 모든 인간이 아니라 유행을 신경 쓰는 인간이지. 복장이나 머리모양은 물론, 사물에 대한 사고방식이야말로 그래. 자네들 말대로 자신이 없는 거겠지. 그들은 스스로 새롭다는 생각에 자신 만만해하지만, 내가 보면 유행을 쫓는 사람이나 만드는 사람이나 그거야말로 대동소이해. 그런 사람들은 유행은 만들 수 있을지 몰라도 역사를 만든 적은 없었어.

세 사람 : 저희는 역사 같은 거창한 건 어찌되든 상관없어요. 저희가 재미있으면 그걸로 된 거죠.

소크라테스 : 그 재미있다는 게 새로운 거지?

세 사람 :	네, 그렇습니다.
소크라테스 :	그럼, 대체 왜 새로운 게 좋은 것이고, 새로운 걸 유행시킨 사람이 훌륭한 사람이라고 생각하는가?
세 사람 :	인간이나 시간은 앞으로 나아가는 거니까, 새로운 것이 가장, 뭐랄까….
소크라테스 :	그렇지? 그렇게 말하는 자네들도 역시 역사를 생각하고 있잖아. 그리고 시간은 앞으로 나아가기 때문에 새로운 것이 가장 좋다고 했지? 그런데 도시의 디스코클럽에서 춤추는 젊은이들도, 이름 모를 시골에서 조용히 살고 있는 노인들도 오늘, 바로 지금 이 시각에 살아 존재하고 있다는 점에서는 모두가 평등하고, 새롭고, 시대의 최첨단에 살고 있는 셈이잖아?
세 사람 :	그건 뭐, 그렇죠.
소크라테스 :	그럼, 한쪽이 새롭고 다른 쪽이 새롭지 않다고 말할 때는 시간의 새로움과는 다른 거야?
세 사람 :	그렇습니다.
소크라테스 :	그럼, 우리가 무언가에 대해 '새롭다'고 할 때, 그 자체가

'새롭다'고 할 수 있나?

세 사람 :   이제 그만 알기 쉽게 말해주세요.

소크라테스 :   예를 들어 신발 한 켤레를 보고 '새롭다'고 할 때는 '사용하지 않은 것'이라는 의미와 '처음 보는 것'이라는 의미가 있어. 전자의 경우에는 다른 신발의 상태나 같은 구두의 다른 상태와 비교하는 것이고, 후자는 지금까지 봐왔던 모든 신발들과의 비교야. 그 이외에 어떤 신발에 '새롭다'고 말할 수 있어?

세 사람 :   없어요.

소크라테스 :   그럼 '새롭다'는 것은 항상 그것과는 다른 어떤 것과의 비교에서 성립되는 것이지. 그 자체에 대해 사용하는 일은 없지. 그럼 '좋다'는 어때? 다른 것과 비교하지 않으면 좋다고 할 수 없는 것과 비교하지 않아도 그 자체로 좋은 것 중에서 뭐가 더 좋다고 할 수 있지?

세 사람 :   그건 후자겠지만, 비교하지 않고서는 좋은 걸 정하지 못해요. 그래서 저희는 새로운 것일수록 좋다고 하는 거고요.

소크라테스 :   그럼 반대로 생각하면, 비교하지 않고도 좋다는 것은, 새로움이나 새롭지 않음을 정하는 방법으로는 정할 수 없

어. '절대적으로 좋은 것'은 새로움의 기준으로만 생각하는 사람은 결코 이해할 수 없으니까.

세 사람 : 그래도 괜찮아요. 절대적으로 좋은 것은 우리와는 상관없어요. 그런 건 분명 금방 질릴 거예요.

소크라테스 : 자네들은 새로우면 그저 좋지? 그런데 그 '절대적으로 좋은 것'이 가장 새로운 것인 경우에는 어떻게 할 거야? 자네들은 그게 시대의 최첨단에 나타나도 결코 이해하지 못할걸? 자네들이 아는 범위의 새로움밖에 모르니까, 결국은 뒤처지는 셈이나 마찬가지라고. 트렌드리더에겐 치명적이지.

세 사람 : 그렇다면, 그건 큰일인데. 어쩌면 좋죠?

소크라테스 : 생각해봐. 나는 저 사람보다 새로워, 이렇게 하면 인기 있어, 하면서 다른 사람들의 눈치를 보며 만든 것이 어떻게 크리에이티브 하다는 거야? 진정으로 새로운 것을 하고 싶으면 일단 새로움을 의식하는 것부터 그만 둬야해.

세 사람 : 그럼 우리 일이 없어지잖아요.

소크라테스 : 그건 그렇지. 하지만 안심해. 세상은 생각보다 살기 편하거든. 진정으로 새로운 건 인류의 역사를 만들지언정 유행

만 좇는 사람들에만 인기를 끄는 것만으로는 결코 만들어
지지 않을 테니까.

그리고 이것은 여담인데, 아까 자네들이 말했던 '소크라테
스 제임스'는 아마 별로 인기가 없을 것 같아. 너무 촌스럽
잖아?

제9장

불평불만은 누구에게 털어놓나?

소크라테스

회사원

회사원의 부인

회사원 : 이러쿵저러쿵 해봤자 어차피 난 한낱 월급쟁이에요. 인생도 절반이 지나고 나의 미래도 어느 정도 예상할 수 있는 지금, 이런 생각을 해봤자 소용없다는 건 압니다. 그래도 내 인생이 이렇게 끝나는 건가 싶은 생각이 자꾸 들어요. 내일도, 모레도 만원전철에 실려 회사에 가면 이해심 없는 상사와 덜떨어진 부하 사이에서 이리저리 치이기나 하고, 단골집에 가도 별로 환영받지 못해요. 몸이 부서져라 회사에 충성해봤자 돌아오는 건 매일 허덕이며 살아야 하는 얼마 되지도 않는 급여죠. 그것도 내일을 기약할 수 없어요. 언젠가는 내 어깨를 두드리며 수고했다고, 내일부터 안 나와도 된다고 하겠죠. 그래도 회사는 아무 일도 없었던 것처럼 돌아갈 거예요. 하지만 속박되어 지내온 내 인생은 도대체 무어란 말입니까? 나도 젊었을 때는 나름대로 꿈이 있었어요. 해보고 싶은 것, 되고 싶은 것도 있었고 다 이룰 수 있을 것 같았죠. 하지만 이젠 다 늦었어요. 불혹을 넘긴 나이에도 이렇게 헤매기나 하고, 난 어차피 이 정도 밖에 안 되는 사람인가 봐요.

부인 : 당신, 정말 왜이래요. 세상 힘든 일은 혼자 다 짊어진 것 같은 표정 짓지 말아요. 나도 당신이 이렇게 의욕 없는 사람인줄 알았으면 결혼하지 않았을 거예요. 집안일 하랴 애들 보랴 정신없이 사는 동안 피부도 자글자글해졌다고요. 이제는 정말 내 인생을 되돌릴 수 없는지, 더 좋은 남자가 있었을지도 모른다는 생각, 더

잘 살 수도 있었을 거라는 생각을 매일 한다고요. 나도 이렇게 평생을 일개 주부로만 살다 가긴 싫어요.

회사원 : 녹초가 돼서 집에 오면 아내는 또 이렇게 하루가 멀다 하고 바가지를 긁어대니 원. 남편을 거대한 쓰레기 취급이나 하고 말이야. 그래도 가족을 먹여 살리기 위해 노력하는 남편에게 조금이라도 감사하는 마음을 가지면 안 되겠소?

부인 : 이러니까 여자가 불리하다는 거예요. 이제 와서 여자가 생활비를 보태기 위해 밖으로 일하러 나가봤자 할 수 있는 일도 별로 없고, 여자가 받을 수 있는 보수 또한 시원찮으니까요.

회사원 : 바보 같은 소리 마. 선택지로 따지면 당연히 남자가 불리하지. 마누라랑 자식들을 먹여 살리려면 좋든 싫든 일을 해야 되잖아. 여자는 여차하면 시집가서 불평이나 하면 되니까 편하겠지. 우리 같은 월급쟁이의 비애를 당신이 알 수 있겠어?

부인 : 뭐예요, 모든게 다 내 탓이라는 거예요? 말은 마누라랑 자식들 때문이라고 하면서, 당신이 한번이라도 가정을 돌본 적이 있어요? 말을 한 번 부드럽게 한 적이 있어요. 한다는 말이 '밥 줘, 목욕물 데워났어, 잘게' 뿐이잖아요. 당신이 그러니 애들도 내 말은 들은 척도 안 해요. 만날 '회사, 일'을 달고 살면서 대단한 월급을 벌어오는 것도 아니잖아요? 월급쟁이의 비애라니, 그런 가장을 둔 부인의 인생은 더 비참하다는 걸 좀 알아주면 좋겠네요.

회사원 : 소크라테스, 뭐라고 말 좀 해주세요. 우리끼린 도무지 끝이 나질 않아요.

소크라테스 : 부부싸움은 개도 안 말린다는 말이 있지.

회사원 : 싸움이면 차라리 낫죠. 이건 싸움도 못 되요. 이제 마누라의 불평도 지긋지긋합니다.

소크라테스 : 부인이 불평만 하는 건 자네가 불평만 하기 때문이야.

회사원 : 전 이 사람에게 아무 말도 하지 않았거든요.

소크라테스 : '밥, 목욕, 잘게'만 말했을 뿐이지?

회사원 : 맞아요.

소크라테스 : 불평은 한마디도 왜 안 해?

회사원 : 불평하기도 귀찮고 피곤하니까요. 당신처럼 자유롭게 사는 사람은 아마 모르겠지만, 조직에 속해 산다는 게 그런 겁니다. 몸도 피곤하고, 마음속까지 지쳐요. 저도 몇 번이나 그만두고 싶었지만 가족들을 생각해서 꾹 참았어요. 하지만 이젠 그런 젊음도, 기력도 없어요. 하고 싶은 것도 못해보고 세상의 굴레에 묶여 흘러가는 채로, 내 인생이 이렇게 끝나도 되나요?

소크라테스 : 하고 싶은 걸 못해봤다고?

회사원 :　당연하죠. 이 세상 월급쟁이 중에 하고 싶은 걸 하고 있다는 사람
이 어디 있겠어요? 하고 싶은 걸 할 수 있는 자유가 없는 게 월급
쟁인걸요.

소크라테스 : 그럼 그만 두면 되잖아.

회사원 :　또 그 소립니까? 이러니까 자유업에 종사하는 사람이랑은 말이
안 통한다는 겁니다.

소크라테스 : 나는 자유로운 사람일뿐이지, 자유업에 종사하는 사람이 아냐.

회사원 :　어찌됐든 부럽습니다.

소크라테스 : 그래? 어쨌든. 자네가 하고 싶은 걸 할 자유가 없다고 했잖아? 그
러나 난 자네에게도 하고 싶은 걸 하기 위해 일을 그만 둘 자유가
있다고 생각해.

회사원 :　이론적으론 그렇죠. 하지만 일을 그만두면 가족들은 어떡합
니까?

소크라테스 : 자네가 책임지고 돌봐야지. 당연한 걸 왜 나에게 물어?

회사원 :　그게 어렵다는 거죠. 저 혼자라면 괜찮아요. 하지만 제 나이에 회

사를 그만 두고도 가족들의 평범한 생활을 보장하기란 보통 일이 아니에요. 당신은 정말 아무것도 모르시는군요.

소크라테스 : 그럼 가족들을 버리면 되잖아.

회사원 : 에이, 나 참 정말 내가 말을 말아야지.

소크라테스 : 그럼 반대로 내가 묻지. 자네가 가족을 만든 건 자네의 의지였지?

회사원 : 의지라고 할 정도로 거창한 건 아니었어요. 다들 그렇게 하니까 저도 따랐을 뿐입니다.

소크라테스 : 하지만 가족을 만들지 않을 수도 있었을 테니 자네의 의지 맞잖아?

회사원 : 결과적으론 그렇다고 할 수 있죠.

소크라테스 : 자식을 낳은 것도 자네의 의지 맞지?

회사원 : 의지야 어쨌든, 생긴 애는 어쩔 수 없잖습니까.

소크라테스 : 하지만 의지가 있었다면 만들지 않았을 수도 있었잖아? 가족을 만든 것도, 자식을 낳은 것도 자네의 의지였어. 그리고 그걸 버릴 수 있는 데도 부양하기로 선택한 것 역시 자네의 의지야. 그럼,

자네의 인생은 모두 자네의 의지대로 이루어진 것 아니야? 어떻게 하고 싶은 것을 못해봤다고 하는 거야?

회사원 : 그래요, 지당하신 말씀입니다. 듣던 대로 대단한 이론가시군요. 하지만 이론대로 되지 않는 게 인생이랍니다.

소크라테스 : 내 인생이 아니라 자네 인생이야. 자네가 그래도 괜찮다면 난 전혀 상관없어. 하지만 자네가 싫다니까 이론을 말해주는 거지.

회사원 : 가족을 가지거나 아이를 만드는 것 같은 인생의 일들이, 하나하나 이론이라는 겁니까?

소크라테스 : 응, 이론이야. 이론이 아니면 뭐겠어? 자네는 아직 모르는군. 그럼 순서대로 생각해보자고. 대답해봐, 삶을 사는 건 다른 사람이 아닌 자네지?

회사원 : 네, 물론이죠.

소크라테스 : 다른 사람은 자네 대신 자네의 삶을 살아줄 수 없다는 것쯤은 자네도 알겠지.

회사원 : 그렇죠.

소크라테스 : 다른 사람이 자네 대신 죽을 수도 없지?

회사원 :　물론이죠.

소크라테스 : 만약 다른 사람이 그러길 원한대도 절대 불가능해.

회사원 :　당연합니다.

소크라테스 : 그럼 인생이란, 삶을 살고 죽는 거라는 말에 동의는 하나?

회사원 :　흠, 그렇게 생각하면 그렇다고 할 수 있죠.

소크라테스 : 자네의 인생은 자네 혼자 삶을 살고, 자네 혼자 죽는 거라고 할
　　　　　　수 있지?

회사원 :　맞아요. 고독한 일이죠.

소크라테스 : 맞아. 고독해. 그런데, 뭔가를 소유한다는 건 그걸 마음대로 할
　　　　　　수 있다는 거지?

회사원 :　그렇죠.

소크라테스 : 마음대로 되지 않는 건 소유했다고 할 수 없어.

회사원 :　맞습니다.

소크라테스 : 그렇다면 자네를 대신해 자네의 삶을 살거나, 대신 죽을 수 없는
　　　　　　회사나 가족이 어떻게 자네의 인생을 소유하거나 속박할 수 있

는 걸까? 자네의 인생은 언제나 자네의 소유이고 자네의 자유 아니야?

회사원 : 뭐, 그렇죠.

소크라테스 : 사는 것도 죽는 것도, 자네 마음대로 할 수 있어. 자네가 자유롭게 하고 싶은 일을 한대도 회사나 가족은 말릴 수 없다고.

부인 : 잠깐만요, 소크라테스. 너무 무책임하게 말씀하시면 곤란해요. 가장이 자기 하고 싶은 대로 하면, 가족들은 길바닥에 나앉아도 된다는 소리에요?

소크라테스 : 무책임하다고? 난 내 생각을 말할 뿐이야. 이걸 어떻게 받아들이고 어떻게 행동할지는 당신 남편 책임이지, 내 책임이 아냐.

부인 : 그건 그렇지만, 난 힘들게 살긴 싫어요.

소크라테스 : 싫으면 헤어지면 되잖아.

부인 : 소크라테스 당신은 정말이지 인생을 자기 맘대로 생각하는 사람이군요!

소크라테스 : 내가 보기엔 자네도 똑같아. 남편만 탓하고 참 불쌍한 신세야. 궁금한 게 있는데, 자기 인생을 살면서 만사에 그렇게 불평만 해대면서 살고 싶어? 대체 언제까지 그러고 살 생각이야?

부인 : 나에게 주어진 인생을 쓸데없이 보내고 싶지 않을 뿐이에요.

소크라테스 : 그럼 쓸데없이 보내지 않도록 노력하며 살면 되잖아.

부인 : 정말! 그렇게 살 수 있으면 누가 불평을 하겠어요? 그러지 못하니까 매일 답답하게 사는 거죠!

소크라테스 : 그게 누구 탓이야?

부인 : 누구 탓인지를 따지자는 건 아니지만, 남편과 아이들이 있는 한, 나는 내 인생을 나답게 살지 못할 거예요.

소크라테스 : '나답게'라고? 하지만, 남편을 고른 것도, 아이들을 낳은 것도 자네잖아. 싫으면 관둘 수도 있었을 텐데 그러지 않았기 때문에 지금 이렇게 된 거지. 다른 사람이 자네 대신 살아주진 못해. 지금이라도 자네가 하기 싫은 일을 그만둔다고 해서 말릴 사람은 없어. 자네는 자네다운 인생이 아니라, 항상 자네의 인생 그 자체를 살아온 거잖아?

부인 : 남편은 그렇다 쳐도, 애들을 그냥 내버려둘 순 없어요. 자식을 생각하는 부모라면 당연히 애들을 제대로 교육시켜 훌륭한 사람으로 길러야 해요. 그런데 저 애들은 길러준 은혜는 생각도 안하고 부모에게 폐만 끼치고! 내 인생은 애들 걱정만 하다 끝나는 건 아닌지 모르겠어요.

소크라테스 : 애들이라…. 자네도 걱정이 끊이질 않는군. 그렇게 걱정만 하면
　　　　　　서 살 것이면 그만 두지 그래?

부인 :　　　그럴 순 없어요. 당신 말처럼, 애들을 낳은 건 다름 아닌 나니까
　　　　　　요. 내겐 애들을 훌륭한 사람으로 길러야 할 의무가 있어요.

소크라테스 : 그럼 하나 묻지. 자네는 자네가 낳은 애들을 자네가 꼭 책임져야
　　　　　　한다고 생각해? 애들 입장은 어떤데? 자네에 의해 태어나게 된
　　　　　　그 애들은, 자네 손에서 자랄 권리가 있다고 생각하려나?

부인 :　　　그게 무슨 말이에요?

소크라테스 : 애들이 자네에게 자기들을 키우라고 하던가?

부인 :　　　아뇨. 하지만 인간이라면 살고 싶은 게 인지상정이잖아요.

소크라테스 : 그건 자네가 애들한테 물어보지 않고선 모르잖아. 무엇보다, 자
　　　　　　네는 자네 의지로 애들을 낳았는지 모르지만 그 애들은 자네들
　　　　　　의 아이로 태어나고자 하는 의지가 있었을까? 어때? 자네는 태어
　　　　　　나겠다고 동의하고 태어났어?

부인 :　　　아뇨, 그런….

소크라테스 : 동의 없는 계약은 성립하지 않아. 동의도 얻지 않고 멋대로 낳아
　　　　　　놓고서는, 계약을 이행하지 않는다고 은혜도 모르는 것들이라며

욕을 먹는 그 애들은 일방적으로 불리하잖아.

부인 :　　하지만 조금도 내 생각대로 해주질 않는 걸요.

소크라테스 : 당연하지! 그 애들은 자네가 아니잖아. 애들이 자네라면 얘기는 다르겠지만. 자네는 자네 배에서 도대체 뭘 낳았다고 생각해?

부인 :　　그럼 부모의 역할 따윈 없어도 된다는 거예요?

소크라테스 : 어이쿠, 자네는 부모의 역할에서 해방되어 자네 자신의 인생을 사는 게 소원 아니었어? 난 그런 줄 알았는데.

회사원 :　　자자, 소크라테스, 살살 좀 하세요. 이 사람 불평도 사실은 귀여운 수준이에요. 불평하면서도 사실은 꽤 즐기고 있으니까요.

소크라테스 : 자네도 잘 알고 있군. 불평하는 사람은 사실 그걸 즐긴다는 걸 말이야.

회사원 :　　맞아요. 말씀대롭니다. 누구나가 자기가 하고 싶으니까 그러고 있는 거죠. 여러모로 생각해보고 최선이라고 생각한 대로 살고 있어요. 싫었다면 그렇게 살고 있을 리 없죠. 그러니까, 아무도 자신의 현재에 불평할 수 없다고 하시는 거죠?

소크라테스 : 맞아. 잘 아는군.

회사원 : 하고 싶은 걸 하는 것도 자유, 하기 싫은 걸 하지 않는 것도 자유. 정말 그 말씀 그대롭니다. 사실은 다들 잘 알고 있어요. 하지만 아무도 그렇게 하지 않죠. 행동하지 않는 것을 다른 사람 탓으로 돌리고 불평만 하면서 살아요. 왜냐하면, 저도 그렇지만 두렵기 때문입니다. 그건 마치 어두운 무중력의 한가운데에 홀로 버려져 마음대로 살다가 죽으라는 소리와도 같아요. 그런 불안한 인생은 곤란하죠. 어떻게 해야 될지 모르니까요. 그래서 다들 그런 복잡한 생각은 보이지 않게 봉인해둡니다. 그렇게 스스로 세상의 굴레 안으로 돌아온 주제에, 세상살이에 얽매여 산다고 불평을 늘어놓으며 사실은 안심하고 있어요. 그렇게 해서까지, 자기가 뭘 위해 사는지를 생각하지 않으면서 말이죠.

소크라테스 : 인생관은 각자 다르니까 다른 사람 인생에 참견할 순 없지. 예를 들어, 눈앞에 큰 위험이 기다리고 있는 줄도 모르고 방심하는 사람에게 큰 소리로 위험을 알리는 건 공연한 참견이야. 잘못하면 위험을 만나기도 전에 나 때문에 잘못될 수도 있으니까.

회사원 : 그래서 당신에게 꼭 묻고 싶은 게 있어요. 자유의 뒷면에 존재하는 불안함, 두려움을 알면서도 자유롭고 굳세게 인생을 살아가는 당신의 용기, 그런 용기는 어디서 나옵니까?

소크라테스 : 호, 용기라. 자네가 보기엔 내가 용기 있는 사람으로 보였어?

회사원 : 아니면 일종의 포기입니까?

소크라테스 : 포기라….

회사원 :　그럼 도대체 뭡니까? 대체 당신의 인생관은 어떤 것이기에 자신의 생각대로 주관 있게 인생을 살 수 있는 거죠?

소크라테스 : 인생관이란 특별한 게 아냐. 인생 이외에 다른 건 없으니까 인생이 특별한 것도 아니지. 역시 나도 남 일처럼 생각하며 살고 있어. 자네처럼.

제10장

잘못한 사람은 누구인가?

소크라테스

전 좌익

평론가

평론가 : 웃기지 않습니까? 소크라테스, 그리고 좌익이었던 당신. 이른바 진보적 지식인들이 이 모양 이 꼴이라니요! 사회주의는 인류의 이상이라고 주장했던 왕년의 당신의 기력들은 다 어디 갔습니까? 소비에트 연방도, 동유럽도 붕괴한 지금, 과거의 일들은 젊은 날의 치기였다면서 쥐새끼처럼 자신의 과거를 몰래 지우려고 하다니. 새파란 젊은이들을 선동해놓고 이제 와서 무책임하지 않습니까! 하긴, 생각해보면 뻔합니다. 손에 손을 잡고 사이 좋게 사는 세상은 권력의 사탕발린 꼬임에 지나지 않아요. 그래놓고선 실패하고 난 뒤엔 꼭, 나쁜 건 마르크시즘이 아니라 스탈린니즘 이라고 지껄여댄단 말입니다! 둘 다 똑같아요. 모든 '이즘'은 실체가 없는 환영(幻影)에 불과할 뿐입니다. 그런 걸 달가워하는 건 무지와 무능의 증거라고요.

전 좌익 : 나도 그 당시엔 사회주의와 역사의 진보를 믿었어요. 순수하다면 순수했던 건지도 모르죠. 하지만 모든 인간이 평등하게 살 수 있는 사회의 실현을 바라는 마음에 거짓은 없었어요. 잘못된 일이 아니었으니까요. 그러나 이제는 잘 모르겠습니다. 어째서 이상과 현실은 이토록 동떨어져있어야만 하는지….

평론가 : 정말 짜증나네! 이상, 이상타령! 존재하는 건 현실뿐이라고요. 보면 모르겠소? 도대체 이 부자 나라 어디에 굶주리는 노동자들

이 있다고 그렇게 평등 타령을 하는 거요? 이토록 훌륭한 경제성장을 이뤄낸 우리나라의 모습이야 말로 인간 개개인의 끝없는 욕망 그 자체의 결과가 아닐까요? 어차피 인간이 다 그런 것 아니겠소? 자기만 좋으면 됐지. 세상을, 남들을 위한다는 말을 진심이라고 생각하는 사람이 있기나 하겠냐는 말이요.

전 좌익 : 그렇지 않다고 하고 싶지만…. 전 뭐가 잘못된 건지 잘 모르겠어요.

소크라테스 : 그렇게 풀이 죽어 힘없이 앉아 있지 말게. 자네가 품었던 이상을 우리 함께 생각해보자고. 그렇다고 자네는 예전에 이상을 가졌던 걸 후회하는 건 아니잖아?

전 좌익 : 네, 제가 지녔던 그 이상을 후회하지 않아요. 하지만 다 헛수고였는지도 몰라요.

소크라테스 : 헛수고? 그건 자네에게인가? 아니면 역사에 있어서?

전 좌익 : 둘 다요. 저는 우리가 좋다고 생각했던 이상이 역사에서도 반드시 실현될 거라고 믿었어요.

소크라테스 : 그런데 역사는 그렇게 되지 않았지.

전 좌익 : 네, 이유는 잘 모르지만 그렇게 되지 않았어요.

소크라테스 : 하지만 역사는 자네 하나만으론 끝나지 않아. 이 세상에 인간이
존재하는 한 계속될 거야.

전 좌익 :   그야, 그렇겠죠.

소크라테스 : 자네는 이상과 현실이 별개라고 했어. 그럼 현실이 바뀌어도 이
상은 변하거나 없어지지 않는 거잖아? 이상이란 현실과는 별개
이기 때문에 이상일 수 있는 것이지. 게다가 인간이 존재하는 한
역사는 계속될 테니 인간의 이상이 헛수고가 되는 일은 결코 없
을 거라 생각하지는 않는가?

전 좌익 :   그건 그렇지만요.

소크라테스 : 자네가 믿었던 이상은 어떤 거였어?

전 좌익 :   한마디로 말하면, '일하지 않는 자 먹지도 말라'입니다. 일부 자
본가가 부당하게 독점하고 있는 부(富)를 모든 일하는 자들이 평
등하게 소유하는 사회를 꿈꿨죠. 이 이념은 플라톤 시대부터 줄
곧 인류보편의 이상으로 여겨졌지만 지금은 오히려 현실이 이
이념을 외면해버렸어요. 어떤 나라는 국가가 기관화하여 부를
관리하기도 했대요. 하지만 기관이 점차 권력화 되고 비대해져
서 사람들을 억압하는 지경에 이르기도 했어요. 우리나라의 경
우엔, 전례 없는 고도경제성장으로 사람들이 하나같이 중상층
정도로 유복하게 살게 되었죠. 이제 이념 같은 건 아무도 생각하

지 않아요. 이념이 현실화되는 걸 방해하는 요소는 분명 이념 이 전의 인간의 천성이에요. 전 이제야 겨우 깨달았어요. 분하지만 역시 인간은 자기만 괜찮으면 다른 사람은 아무래도 상관없나 봐요.

소크라테스 : 인간은 왜 현실과는 다른 이념을 가지는 걸까?

전 좌익 : 현실에 만족하지 못하기 때문이지요.

소크라테스 : 현실이 뭔데?

전 좌익 : 자신이 살고 있는 다양한 상황이요.

소크라테스 : 그렇지. 자신이 살고 있는 다양한 상황에 대해 생각하는 게 이념 의 시작이야. 이건 마르크스나 레닌, 다른 노동자들도 모두 같아.

전 좌익 : 맞아요.

소크라테스 : 그런데 왜, 마르크스나 레닌의 생각만이 특별한 취급을 받는 거지?

전 좌익 : 그들의 생각이라면 틀림없을 거라 믿기 때문이겠죠.

소크라테스 : 맞아. 그런데 자네는 자네일 뿐, 다른 사람이 아니지?

164

전 좌익 : 물론이에요.

소크라테스 : 그럼 자네가 살고 있는 현실은 다른 누군가가 살고 있는 현실과
는 다르겠네?

전 좌익 : 그렇죠.

소크라테스 : 그럼 다른 사람이 그 사람의 현실에서 해낸 생각이 자네의 현실
에 반드시 대응하지는 않을 거야.

전 좌익 : 네에.

소크라테스 : 나는 내가 생각해낸 게 아닌, 다른 누군가가 말했기 때문에 믿을
수 있을 뿐인 이념을 결코 이상이라고는 부를 수 없어. 단순한 이
데올로기라고 하지. 스스로의 생각이 아닌 생각이 자신의 현실
에 대응할 리가 없잖아? 그런 이념이라면 현실이 외면하는 것도
당연해. 만약 자네가 소비에트 사람들처럼 끊임없이 스스로 생
각한다면, 마르크스나 레닌의 이념이 무너진대도 자네의 이상까
지 무너지지는 않을 거야. 고민할 필요는 없는 것 같은데.

전 좌익 : 확실히 저에게도 교의적인 부분은 있었어요. 그건 인정하지요.
이상을 가진다는 건 이데올로기를 믿는 것과는 다르니까요.

소크라테스 : 당연하지. 내 생각엔, 이념이 현실화되는 것을 방해하는 인간의

천성이란, 결코 스스로 생각하지 않고 스스로 생각했다고 착각하는 무지함밖에 없어. 막다른 길을 돌파하겠다고 떠들어대는 인간들은 절대 막다른 길을 돌파하지 못해. 자기 스스로 생각할수록 막다른 길은 나타나지 않는 법이니까 말이야. 생각하는 사람은 이렇게 다양하기 그지없는 현실을 살고 있는 자기 자신이잖아? 현실이 있는 한 이상은 사라지지 않아.

전 좌익 : 하지만 이상을 믿는 것과 이데올로기를 믿는 건 비슷하지만 달라요. 자신이 믿는 이상을, 현실을 변혁할 힘으로 바꾸기 위해서는 이데올로기로써 사람들에게 믿음을 주는 수밖에 없지 않나요?

소크라테스 : 그렇군. 믿는다는 건 어려운 일이야. 정말 어렵지. 스스로 생각해보기 전까지는 얼마나 어려운지 모를 거야. 앞으로도 역사는 계속될 거고, 좋고 나쁨의 차이는 어느 정도 있겠지만 다들 각자 스스로 생각하는 머리가 있잖아? 자기가 믿고 있는 게 뭔지를 아는 수준이라면 그렇게 비관할 일도 아니야.

전 좌익 : 그런가요? 선생님의 말씀을 들으니 좀 기운이 나네요. 저도 다시 한 번 저의 이념을 펼쳐보고 싶어요. 인류 역사의 진보를 위해, 사람들과 함께 믿어 보고 싶어요!

평론가 : 무슨 소릴 하는 겁니까. 물러 터져서는! 사람은 자기만 좋으면 만사오케이, 이게 인간의 현실의 제 1원리예요. 좌익, 당신도 인

정했잖소? 우리나라 사람들은 지조도 없이 태평스럽게 살고 있다고! 종전 후의 좌익운동 따위는 말 그대로 한때의 소동에 지나지 않는다는 빼도 박도 못할 증거요. 한창 난폭할 때의 호르몬의 충동을 '역사'와 '인류'로 치장하는 거죠. 부유한 사람들을 향한 시샘일지도 모르지. 하지만 보시오, 사람은 자기가 먹고 살만해지면 까맣게 잊어버려. 이타를 표방하면서도 어차피 이기주의, 기만의 극치지. 당신 말처럼 자기 머리로 생각한다면 거기서 역사니 인류니 하는 대단한 게 나올 리가 없습니다. 그런 건 틀림없이 이데올로기에요. 소크라테스, 이런 단순한 녀석은 잘못 부추기면 오히려 더 불쌍해진다고요.

소크라테스 : 아니, 나는 그렇게 생각하지 않아.

평론가 : 설마 사회주의의 이상 같은 게 이데올로기 이외의 형태로 가능하다고 생각합니까?

소크라테스 : 자네들 둘이서 토론해봐. 나는 듣고 있을 테니까.

평론가 : 내 말은, 평등하게 가져야 한다는 이상은 알기 쉽게 말하면 잘사는 놈들만 잘 먹고 잘 사는 건 치사하니까 자기들도 잘 먹고 잘 살게 해달라는 이기주의에 지나지 않는다는 말이오.

전 좌익 : 아뇨, 꼭 그렇다고만은 할 수 없어요. 자신이 먹고 살지 못해도 이상을 위해 목숨을 바친 사람도 많이 있어요.

평론가 : 그래서, 그런 걸 신앙이라고 하는 거요. 이데올로기라는 마약에 취한 물러빠진 영웅주의라고! 애당초 당신은 어떻소? 당신이 먹고 사는 게 어렵지 않으니까 공연히 다른 사람 일에까지 참견할 여유가 있는 것 아니요?

전 좌익 : 아니, 아니에요. 내가 먹고 못 먹고는 상관없어요. 그래요, 이타다 이기다하는 건 더 이상 문제가 아녜요.

평론가 : 언제까지 잘난 척할 거요? 배알도 없는 인간이나 하는 소린 이젠 듣기 싫소. 다 잠꼬대 아니면 거짓부렁이야.

전 좌익 : 아니에요! 말로 설명하긴 어렵지만, 그렇지 않아요.

평론가 : 거, 짓, 말! 그럼 다 함께 먹고 사는 그 아름다운 이상을 모든 사람들이 어떻게 실현해 낼 수 있는지 말해보시오. 그렇다면 나도 당신을 믿고 따르겠어.

전 좌익 : 으음. 그건….

소크라테스 : 왜, 대답하기가 곤란한가? 그럼 자네가 주장하는 이상사회의 이념에 대해 다시 한 번 생각해보자고. 형태야 어떻든, 사회를 구성하는 건 한 사람 한 사람의 인간이야.

전 좌익 : 그렇지요.

소크라테스 : 그럼 인간을 구성하는 건 뭐지?

전 좌익 :　단적으로 말하면 물질과 의식, 즉 육체와 정신이죠. 하지만 전 육체가 정신을 규정한다고 생각합니다.

소크라테스 : 오호, 그래? 그럼 자네도 역시 먹는 게 가장 중요하다고 생각하는군?

전 좌익 :　그건 그렇죠. 먹지 않으면 살지 못하는 걸요. 살지 못하면 아무 의미도 없잖아요?

소크라테스 : 그럼, 그 '먹는다'는 행위에 대해 생각해볼까.

전 좌익 :　사적 유물론에서의 식(食)이란 인간의 생존을 위해 필요한 물질적 재화이고, 그것을 획득하는 생산 양식이 곧 인간사회의 발전의 원동력이자….

소크라테스 : 아니, 그런 건 상관없어. 우리가 음식을 섭취한다는 행위 그 자체가 유물적인 과정이니까.

전 좌익 :　씹고 소화시키고 배설하는 것 말입니까?

소크라테스 : 맞아. 그뿐이야. 그런데, 이게 참 이기적이지 않아? 씹고 소화시키고 배설하는 과정의 어디에 도대체 이타의 여지가 있다는 거지? 먹는 행위가 인간이 사는 데에 가장 중요하다고 생각하는 인

간들이 모여 구성된 사회에서 어떻게 함께 살아가겠다는 생각이
가능하냐는 거야.

전 좌익 :　유한한 식량을 다 함께 분배하면 되잖아요.

소크라테스 : 그렇군. 그것도 하나의 방법이지. 하지만 먹는 행위가 철두철미
하게 이기적인 행위라는 사실에는 변함이 없어. 그럼 거기서 인
류니 역사니 하는, 자신의 생존을 넘어서는 생각을 어떻게 이끌
어낸단 말이야? 그거야말로 자네들 유물론자들에게는 억지춘향
같은 이상주의 아냐?

전 좌익 :　하지만 결코 이상을 잃지 말라고 한 건 당신이잖아요. 이상은 욕
망이랑 같은 것 아닌가요?

평론가 :　이것 보시오, 더 말할 것도 없어요. 내가 처음부터 말했잖습니
까, 인간이 먹지 않으면 살 수 없는 존재인 한, 인간에겐 현실만
이 존재한다고요. 이상은 위선일 뿐입니다. 어차피 인간은 그런
존재요.

소크라테스 : 하지만 난 이상을 가지지 않는 인간은 애당초 세상을 논할 자격
이 없다고 생각하는데.

평론가 :　도대체 어쩌라는 겁니까? 이상을 가지랬다가 가지지 말랬다가.

소크라테스 : 자네는 인간에게는 현실뿐이라고 했지? 그리고 현실이란 먹는 거라고도 했어. 그럼 자네는, 먹고 소화하고 배설하면 충분하다는 거 아냐? 무언가를 논하거나 타인의 생각을 멸시하는 건 현실에서 필요한 행위가 아니잖아.

평론가 : 인간은 이상만 쫓으면 현실을 놓치게 된다는 현실적인 생각을 말한 것뿐이오.

소크라테스 : 자네는 이상이 현실보다 좋은 거라고 생각하나?

평론가 : 그렇습니다. 하지만 이상을 믿는 건 환영일 뿐입니다.

소크라테스 : 사람은 모두 자기만 좋으면 된다고 생각하지?

평론가 : 그렇습니다.

소크라테스 : 그럼, 자기에게 좋다는 걸 알면서도 추구하지 않는 경우는 없다는 거야?

평론가 : 그렇죠.

소크라테스 : 그럼, 자네는 이상이 현실보다 좋다고 생각하면서도 어째서 이상을 추구하지 않지? 이상이란 존재하지 않는다고 하면서도, 사실은 그저 이상에 대해 모르는 것뿐 아냐?

평론가 :   그렇습니다. 난 현실주의자니까요.

소크라테스 : 아니, 난 현실주의라고 한 적 없어. 자네는 현실이란 먹는 것이라고, 다른 사람이 아닌 자네의 이상을 논하고 있잖아? 인간이란 늘 자신의 인간관만을 말하게 되어 있어. '어차피 인간이란'이라고 말하는 인간은 자기가 어차피 그 정도의 인간이라고 말하는 것과 같다고. 자기가 모르는 삶을 살 수는 없으니까 말이야.

평론가 :   흐응, 그럴듯하게 정말 말은 잘하시는군요.

소크라테스 : 맞아. 이 말, 로고스(그리스 철학에서, 언어를 매체로 하여 표현되는 이성. 또는 그 이성의 자유)야. 그건 그렇다 치고, 자네는 왜 사람들이 서로에게 말을 한다고 생각해?

평론가 :   자신의 생각을 남에게 납득시키기 위해서요.

소크라테스 : 뭘 위해서 자신의 생각을 다른 사람에게 납득시키지?

평론가 :   자신의 생각이 도움이 된다고 생각하기 때문이죠.

소크라테스 : 뭐에 도움이 되는데?

평론가 :   현실 아닙니까?

소크라테스 : 자네는 이상이 현실보다 좋다고 했어. 그렇다면 우리가 다른 사

람을 향해 말을 하는 행위 자체가 이미 이상적인 뭔가를 향하고 있다고 할 수 있는 셈이네?

평론가 : 네, 뭐 그렇다고 할 수 있죠.

소크라테스 : 그럼, 로고스를 논한다는 건 곧 이데아를 논하는 셈이야. 그럼 자네는, 이상을 논하던지 영원히 침묵하던지 둘 중 하나여야 하는 것 아냐?

평론가 : 됐습니다, 소크라테스 당신하고는 그만 말하고 싶습니다. 내가 졌습니다. 하지만 그렇게 말하는 당신의 고매한 이데아인지 뭔지가 궁금하군요. 역사와 인류에 관한 이데아 말이오.

소크라테스 : 내가 고매하다고? 그럴 리가. 내 말은, 다들 환멸이 부족하다는 것뿐인걸.

제11장

이상 없이 살아보라

소크라테스

플라톤

사업가

사업가 : 아까 좌익이었던 분과 토론을 하셨다지요? 사회주의는 가장 자연스럽지만 가장 자연스럽지 않은 사상이라는 결론을 내리셨다고 들었습니다. 저도 그 말에는 동감입니다. 하지만 유감스럽게도 우리 인간의 본성은 그렇지 않은 것 같아요. 그렇다고 자본주의가 사회주의를 이겼다는 둥 하는 단순한 말씀은 드리지 않겠습니다. 그런 견해 자체가 이미 자본주의를 하나의 이데올로기로서 인정하고 있는 셈이지요. 하지만 자본주의는 더 이상 이데올로기도, 그렇다고 이상 속에만 존재하는 체제 같은 것도 아니에요. 인간의 본성이 요구하는 제2의 자연이라고 해야 합니다.

소크라테스 : 자네는 정말 냉정하게 사물을 보는군. 일반 사람들은 자네만큼 깨어있지 못해.

사업가 : 문제는 그겁니다. 사람들은 화폐를 아편, 아니 신이라고까지 하지요. 하지만 왜 그렇게 생각하게 됐는지는 결코 생각하지 않아요. 자본주의 사상이 사람들을 옭아매는 이데올로기로써 철저히 기능하고 있는 셈이죠.

소크라테스 : 대중은 어느 시대에나 그래왔어. 그게 뭐가 문제인가?

사업가 : 도덕입니다. 저는 차마 눈 뜨고 볼 수 없는 도덕의 저하를 견딜 수 없습니다. 생각해보십시오. 스스로 생각할 힘이 없는 우매한

대중들의 저열한 욕망이 절제력을 잃으면 민주주의와 자유경쟁이라는 미명 아래 얼마나 복잡하고 심각해질지, 당신은 아시겠죠. 게다가 현대사회의 과도한 정보가 사람들의 허영심을 부추기고 있어요. 인간의 욕망은 제2의 자연이라고 말씀드렸죠? 그건 부정할 수 없는 사실이지만, 모든 욕망을 긍정하는 것과는 다릅니다. 화폐를 어디까지나 생활을 위한 수단이라고 말할 수 없다면 인생을 위한 수단, 오해를 무릅쓰고 말하자면 행복해지기 위한 수단에 지나지 않습니다. 그런데 사람들은 놀라울 정도로 잘못 생각하고 있어요. 화폐 그 자체를 목적이라 생각하든지, 아니면 기껏해야 화폐로 얻을 수 있는 속물적 쾌락만을 목적으로 삼아요. 사람들은 도대체 어디서 도덕을 추구해야 할까요? 이익의 추구와 품성 유지의 두 마리 토끼를 모두 잡는 건 정말 불가능한 일입니까? 사람들에겐 사익을 추구하기 위한 도덕이 꼭 필요합니다.

소크라테스 : 자네는 자네 일에나 신경 써. 이제 그만 다른 사람 인생은 신경 쓰지 말지 그래?

사업가 : 그럴 순 없어요. 같은 사회에 살고 있는 인간으로서 어떻게 그런 걸 보고만 있을 수 있습니까? 저는 이상 국가까지는 아니더라도, 조금 더 절도 있는 사회에서 살고 싶어요.

소크라테스 : 좋아. 그럼 같이 생각해보자고. 하지만 이런 얘기라면 플라톤이

더 잘 알 거야. 플라톤의 '국가'를 읽어본 적 있어? 꽤 괜찮은 책이지. 우선은 플라톤이랑 둘이 토론을 해봐.

플라톤 : 　정말이지 스승님은 언제나 이렇게 중요한 부분에 와서 빠지신다니까요. 어쨌든, '국가'는 제가 스승님을 넘어서 독립할 수 있는 계기가 된 중요한 작품이죠. 그럼 제가 대신 토론을 해보겠습니다.

내가 보기엔 사업가 당신은 아직 생각이 부족한 것 같군요. 부는 행복해지기 위한 충분조건은 아니지만 필요조건이라고 했지요? 그렇게 생각하는 이유가 뭡니까?

사업가 : 　저는 인간이 육체를 가지는 것을 부정도 긍정도 하지 않습니다. 아니, 정확히 말하자면 부정도 긍정도 할 수 없으니 슬픈 일이지요. 인간은 배가 고프면 슬퍼하고, 맛있는 음식을 먹으면 기뻐해요. 따뜻한 침대에서 자고 싶어 하고, 사랑하는 가족이 있다는 것에서 행복을 느낍니다. 저는 인생의 행복은 이런 소소한 기쁨 외에는 없다고 생각합니다. 자동차나 별장도 그런 행복의 연장이지요. 그런데 사람들은 그렇게 생각하지 않아요. 부를 다른 사람의 부러움을 사는 것으로 생각하죠. 남에게 과시할 수 있기 때문에 가치 있는 것이라고요. 게다가 늘 더 많은 것을 욕망하기 때문에 낮도 밤도 없이 정신적으로 굶주려 있어요. 이런 사람의 인생이 행복하다고 할 수 있습니까?

플라톤 : 그건 당신 말이 맞아요. 말하자면 행복을 느끼는 건 다른 사람이 아닌 자기 자신입니다. 스스로 행복하다고 느끼는 게 진정한 행복이지요.

사업가 : 지당하신 말씀입니다.

플라톤 : 다른 사람 눈에 행복한 사람으로 비춰짐으로써 자신을 행복하다고 느끼는 사람은 진정한 행복을 느끼지 못하는 사람이지요.

사업가 : 맞습니다.

플라톤 : 그 사람은 불행할 거예요.

사업가 : 잘은 모르겠지만 그럴 수도 있겠죠.

플라톤 : 그런데 당신은 그런 불행한 사람들과 함께 당신의 행복을 실현해야 합니다. 왜냐하면 당신은 소소한 기쁨을 위한 부의 효용을 인정하기 때문입니다. 그렇다면 예를 들어 새 차를 사는 행위가 당신에게는 가족을 위한 일이지만 가족들에게는 허영을 위한 것이더라도, 자본주의 사회에서 일어나는 경제행위로서는 별로 다르지 않아요. 그럼 당신은 무슨 자격으로 가족들에게 도덕성을 물을 수 있습니까?

사업가 : 물론 내면의 도덕성은 물을 수 없습니다. 그 과정에서 지켜져야

할 것은 경제활동의 도덕, 즉 게임의 규칙을 준수하는 것이지요.

플라톤 : 자유경쟁을 게임에 빗대었군요?

사업가 : 네. 규칙을 위반하는 자는 국가가 아닌 신의 보이지 않는 손에 의해 처벌받는다는 걸 몸소 깨달은 후에야 비로소 내면의 도덕을 반성하게 되겠지요. 저는 지금이 바로 그 시기라고 생각합니다.

플라톤 : 그렇군요. 그런데, 그 내면의 도덕이란 어떤 것들이 있을까요?

사업가 : 예를 들면 우애, 겸양, 감사, 절제, 배려 같은 것들 아닐까요?

플라톤 : 그럼 게임의 규칙, 즉 외면의 도덕은요?

사업가 : 말할 것도 없이 서로가 공평하게 경쟁의 기회를 갖는 거지요.

플라톤 : 그걸 지키지 않으면 받는 처벌은 경제적 손해를 말하는 겁니까?

사업가 : 네. 그래야 합니다.

플라톤 : 그럼, 내면의 도덕을 지키지 않은 인간은 어떤 벌을 받습니까?

사업가 : 그건…. 육체적인 처벌은 받지 않습니다.

플라톤 : 그렇다면 배려하는 마음을 갖지 않는 사람을 지적하거나 벌할 방법이 있습니까?

사업가 : 없습니다.

플라톤 : 내면의 도덕은 눈에 보이지 않고, 외면의 도덕은 우리 눈으로 볼 수 있죠?

사업가 : 그렇죠.

플라톤 : 눈에 보이지 않는 도덕은 벌을 받지 않지만, 눈으로 볼 수 있는 도덕은 벌을 받는 셈이네요.

실업가 : 그렇습니다.

플라톤 : 그럼 외면의 도덕을 지키지 않아서 경제적 손해를 입은 사람이 반성하는 방법 역시 외면적인 것이겠군요. 물질적인 손해를 입으니까 다음부터는 도덕을 잘 지켜야 한다고 생각하는 것처럼. 하지만 그 사람이 다른 사람을 배려하려는 내면의 도덕까지 가지게 되는 건 아니겠네요?

사업가 : 그런 셈이네요.

플라톤 : 외면은 어디까지나 외면, 내면은 어디까지나 내면이군요.

사업가 : 유감스럽지만 그렇습니다.

플라톤 : 그럼 물질만능 시대는 마음만능 시대로 바뀔 수 없다고 생각하

나요?

사업가 : 물론입니다.

플라톤 : 그럼 사람들이 사익을 추구함과 동시에 성품을 유지할 수 있도록 하려면 어떻게 해야 할까요?

사업가 : 그건 정말 실로 어려운 문제네요.

플라톤 : 내 생각엔 부는 행복의 필요조건이 아니라고 가르치는 것, 현세적 쾌락을 욕망하는 건 불행하다는 걸 철저하게 가르치는 방법밖에 없을 것 같군요.

실업가 : 그건 너무 혹독하네요.

플라톤 : 그래서 난 사유재산을 인정하지 않아요. 다만 이유는 마르크스와 완전히 반대입니다. 재산에 가치가 있다고 생각하기 때문이 아니라, 무가치하다고 생각하기 때문입니다. 그런 점이 내가 마르크스와 결정적으로 다른 점이지요. 마르크스는 출발점에서부터 틀렸어요. 재산을 좋은 것이라고 믿는 사람들이 재산을 원하지 않게 하는 건 불가능합니다. 하지만 처음부터 하찮은 것이라고 배운 사람들이 어떻게 재산을 원할 수 있겠습니까? 그리고 욕망이나 쾌락을 제어하는 또 한 가지 방법은 자아의식을 해체하는 겁니다. 사람들이 다투는 원인은 '나', '내 것'이라는 협애한 자

아의식 때문이라는 것을 인정하죠? 그런 자아의식은 착각이라고 가르치는 겁니다. 그들의 사상을 철저하게 통제하는 거예요. 말하자면 정신의 왕국입니다. 정신성이야말로 궁극의 가치라는 것을 아는 철학의 왕이 통치하는 세계지요.

사업가 : 음…. 저 같은 평범한 사람은 잘 모르겠네요.

플라톤 : 어렵지 않아요. 사상통제란 곧 협박입니다. 당신도 물질 보다 정신이 우위에 있다는 것을 깨닫지 않았습니까? 대체 그 이유가 뭐라고 생각합니까?

실업가 : 전 철학은 잘 모르겠습니다.

플라톤 : 이상 때문입니다. 모든 사람의 정신은 이상을 지향하도록 만들어져있기 때문에, 정신을 지닌 모든 인간을 가르칠 수 있는 겁니다. 예를 들어 당신은, '좋다'는 말을 듣고 좋지 않은 무언가를 떠올릴 수 있습니까?

사업가 : 아뇨.

플라톤 : 그게 바로 이상입니다.

사업가 : 뭔가 좀…….

플라톤 : 뭐, 상관없습니다. 철학의 왕에게 교육받은 국민들이 구름 한 점

없이 맑은 정신의 눈으로 일사불란하게 이상을 바라보는 나라, 그게 저의 이상국입니다.

사업가 : 그런 국가가 가능할까요?

플라톤 : 가능합니다. 당신이 재산을 가치라고 생각하지 않을 수 있다면 분명히 가능해요. 사람들은 다투지 않고 함께 살 수 있어요. 당신은 자유경쟁은 게임이라고 했지요? 게임이라면 시작점으로 돌아갈 수도, 새로 시작할 수도 있어요. 하지만 게임에 참가하고 있는 당신의 인생은 시작점으로 돌아갈 수도, 바꿀 수도 없어요. 가령 마지막에 살아남는다고 해도 남는 건 부질없는 것뿐이지요. 우리는 이상이라는 목표를 달성하기 위해 경쟁에 참가해야 합니다.

사업가 : 그러면 반대로, 자유경쟁이라는 게임에 참가하기 때문에 도덕이 스스로 성립한다고도 할 수 없지 않습니까?

플라톤 : 물론이죠. 하지만 당신은 다른 사람에게 도덕을 요구할 순 없어요.

사업가 : 그럼, 어떻게 해야 하나요?

플라톤 : 자각이 뭡니까?

사업가 : 스스로 깨닫는 것이지요.

플라톤 : 눈이 보이지 않는 사람에게 보라고 할 수 있습니까?

실업가 :　없죠.

플라톤 :　다른 사람이 대신 봐줄 순 있지만 그걸 그 사람이 보았다고는 할 수 없죠?

사업가 :　그렇죠.

플라톤 :　스스로 깨닫는다는 것은 정신의 눈이 뜨여있다는 것입니다. 따라서 정신의 눈이 닫혀있는 사람에게 보라고 할 수는 없는 거죠. 그 사람은 자기에게 뭘 원하는지를 전혀 몰라요. 다른 사람이 그 사람에게 눈을 뜨라고 할 수는 있지만, 실제로 그 눈을 뜰 수 있는 건 그 사람 자신의 힘이어야만 합니다. 하지만 당신은 그 힘까지 당신이 갖길 원해요. 그래서 '국가'니 '교육'이니 하는 생각을 하는 겁니다.

사업가 :　그렇군요. 그렇다면 다른 사람에게 자각을 바라지 말고 각자 조용히 자신의 일에 전념하는 것이야말로 단 한번 뿐인 인생이라는 거군요.

소크라테스 : 어떤가? 이 게임의 승부는 났나?

플라톤 :　소크라테스에게 직접 전수받은 반(半)궤변의 정론가가 질 리가 있겠습니까.

186

소크라테스 : 그럼 이번에는 나랑 겨뤄보지. 안 봐줄 거야.

플라톤 :   영광입니다.

소크라테스 : 우리가 사는 이 세상은 물질과 마음이라고 사람들은 말하지만, 사실은 다들 물질만을 쫓고 있어. 자네가 아까 정확히 지적한 것처럼, '물질에서 마음으로' 같은 소릴 하는 것 자체가 바로 그 중거야.

플라톤 :   동감입니다.

소크라테스 : 물질이 뭔가의 가치가 되는 건 마음이 그걸 물질에 빗대기 때문이지. 그렇지 않으면 물질은 그냥 물질일 뿐이야.

플라톤 :   옳으신 말씀입니다.

소크라테스 : 더 나아가면, 마음이 물질에 가치를 두기 때문에 물질이 존재할 수 있는 거지. 마음이 가치를 두지 않으면 물질은 존재 유무조차 명확하지 않게 되겠지.

플라톤 :   그렇지요.

소크라테스 : 그렇게 따지면 이 세상에는 처음부터 마음만이 존재했던 걸 텐데, 다들 물질 따위로 마음을 어지럽히고 우왕좌왕하는 게 참 이상하지 않아? 내 생각엔 아마 저승에도 분명 마음밖에 없을 거

야. 이 세상의 물질은 꿈속의 희롱 같은 거야. 그 나름대론 좋지만 없어도 전혀 상관없지.

플라톤 :　네에…?.

소크라테스 : 자네는 그렇게 생각하지 않는 모양이군?

플라톤 :　눈치 채셨군요.

소크라테스 : 자네는 부를 무가치화 하고, 정신을 최고의 가치로 꼽는 국가를 원하지. 그런데 그건 정신의 사회주의 아닌가? 명백한 모순인 것 같은데.

플라톤 :　스승님 눈은 못 속이겠습니다.

소크라테스 : 제멋대로 구는 스승 때문에 자네도 힘들겠군. 그럼 지금 여기 자네도 나도 아닌, 정신이 맑고 순수한 한 인간이 살기 시작했다고 가정하고 그가 뭘 어떻게 생각하며 살아갈지에 대해 생각해볼까?

플라톤 :　그거 재밌겠는데요.

소크라테스 : 그는 이 세상의 부 따위는 처음부터 믿지 않아. 그럼 가장 거추장스러운 물질, 즉 자신의 육체는 어떻게 다룰까?

플라톤 : 배가 고프면 먹고, 목이 마르면 마시겠지요.

소크라테스 : 그래. 그 뿐이야. 그걸로 된다면 말이지. 그런데 먹고 마실 음식
          은 다른 사람과 경쟁하지 않으면 얻지 못해. 어떻게 해야 하지?

플라톤 : 그런 저속한 것을 위해 저속한 인간들과 경쟁하는 건 정말 저속
          한 일이라고 생각하겠죠.

소크라테스 : 생각한 다음엔 어떻게 행동할까?

플라톤 : 저속한 것 때문에 경쟁하지 않는 국가를 만들고자 하겠죠.

소크라테스 : 왜 그는 삶을 포기하지 않지?

플라톤 : 이상이 그를 재촉하기 때문이지요. 정신이 최고의 가치라는 것
          을 알고 있기 때문에 더욱 살고자 하는 겁니다. 이 세상에서 정신
          의 왕국을 실현할 때까지 그는 죽을 수 없어요.

소크라테스 : 하지만 플라톤, 자네는 누구보다 잘 알잖아. 물질에 가치를 부여
          하는 것도 정신, 정신에 가치를 부여하는 것도 그 정신밖에 없다
          는 걸 말이야.

플라톤 : 스승님, 그 말씀은….

소크라테스 : 그 사람은 최종적인 이상인 '선(善)'에 대해 알고 있어. 그래, 알고

있어. 깨달아버린 거야. 최종적인 가치를 알아버렸으니, 사실은 어찌 되든 상관없는 거야. 삶이든 죽음이든 똑같다는 걸 알아버린 거지.

플라톤 : 흐음.

소크라테스 : 대체로 사람이 살려고 하는 건 죽는 것보다 사는 게 낫다고 생각하기 때문이지. 하지만 사는 것도 죽는 것도 똑같다는 걸 알아버리면, 딱히 살아야 할 이유가 없어지지. 그럼 어떡해야 살아갈 욕망이 생길까?

플라톤 : 스승님이 무슨 생각을 하시는지 처음부터 알고 있었습니다. 삶을 욕망하지 않는 인간만이 사는 세상이라면 함께 살든 뭘 하든, 그냥 내버려둬도 저절로 국가가 소멸한다는 말씀이시겠죠. 보이지 않는 손에 맡겨두고 마음대로 살다가 마음대로 죽게 놔두면 된다고요. 늘 이런 식이니 정말 저는 당할 수가 없네요.

소크라테스 : 그런 건 아니야. 난 그냥 철학의 왕 같은 건 별로 되고 싶지 않거든. 정말 그뿐이야.

제12장

공짜만큼 비싼 것은 없다

소크라테스

인권보호회 회장

라스콜리니코프(도스토예프스키의 소설 '죄와 벌'의 주인공)

인권보호회 회장 : 전당포의 노파를 죽이고 돈을 훔친 벌로 사형을 선고받은 이 청년을 보십시오. 우리는 이 청년을 그냥 내버려 둘 수 없습니다. 청년, 우리는 마지막까지 당신을 도울 각오가 되어 있으니 걱정 마시오. 당신도 더 해명을 해야 돼요. 당신이 강도, 살인이라는 비극적인 범죄에 말려들 수밖에 없었던 건 당신의 어머니와 누이의 생활과 학문에 뜻을 둔 당신 자신의 장래를 생각하고 또 생각했기 때문이 아닙니까? 그동안 행실 바르고 전도유망한 이런 청년에게 갱생의 기회를 주지 않고 그대로 생명을 빼앗는다는 것은 현대 법치국가의 소행이라고는 생각할 수 없는 잔인한 만행입니다. 비록 한때의 미혹으로 죄를 저지르긴 했지만, 이 청년은 한 사람의 인간으로서 인생을 살 권리가 있어요. 그리고 법과 국가는 절대 그 권리를 빼앗을 수 없습니다. 알겠습니까? 잘 들어주십시오. 우리나라의 헌법에는 '국민은 모든 기본적 인권의 향유를 저해 받지 않는다. 이 헌법이 국민에게 보장하는 기본적 인권은 침해할 수 없는 영구적인 권리로써 현재는 물론 장래의 모든 국민에게 주어진다.'

어떻습니까, 굉장하지 않습니까? 과거의 실패에서 배우면서 우리가 도달한 보편적 이념입니다. 자자, 당신이 그렇게 상관없다는 태도를 하고 있으면 우리도 당신을 도와줄 도리가 없어요. 기운 내서 함께 싸웁시다!

라스콜리니코프 : 흥, 이런 나에게 인간으로서의 권리를 주겠다는 겁니까? 바보 같은 소리 하지마세요. 아니, 당신의 마음은 감사히 받아들이겠습니다. 당신들, 내가 그 전당포 노파를 죽인 게 돈에 눈이 멀어서라고 자백한 걸 갖고 내가 후회하고 있다고 생각하는 모양이지요? 쳇, 사실 그렇긴 합니다. 당신은 간혹 이런 생각을 한 적 없습니까? 영원에 대해서 말입니다. 영원이라는 말을 들으면 가늠할 수 없을 정도로 엄청난 뭔가를 상상들 하지만 사실 그런 건 시골 목욕탕의 구석에 걸린 거미줄 같은 겁니다. 그게 곧 영원입니다. 영원한 거미줄이라고요. 다시 말하자면, 인간이 영원히 사는 신이 되길 꿈꾸는 건 인간이길 부정한다든가, 뭐 그런 비슷한 겁니다. 아니, 실은 나는 꿈속에서 내 얼굴을 봤어요. 이렇게 찬찬히, 내 얼굴을 가까이에서 말입니다.

인권보호회 회장 : 불쌍하기도 하지. 당신은 너무 힘든 일을 겪었기 때문에 많이 지쳐있어요. 이렇게 정신이 나간 상태에서 저지른 범죄는 충분히 정상참작의 여지가 있습니다. 우리에게 맡겨요. 침해받아선 안 될 당신의 인권을 우리가 결단코 지켜 드리겠소. 그것이 나아가서는 우리 모두의 인권을 지키는 일이기도 하니까.

라스콜리니코프 : 정말 대단하시군요! 당신이 나의 권리를 지킬 권리가 있다는 겁니까? 그럼 한 마디 하겠습니다만 나에겐 당신 같은 정

상인들을 경멸할 권리가 있소! 아니, 그럴 의무를 나는 태어나면서부터 지고 있다고요. 그렇습니다. 나는 내 양심에 따라 피를 인정합니다. 아시겠습니까? 착각하지 마세요. 난 양심에 따라 피를 인정한다고 했지, 양심에 따라 용서받는다고 하지 않았어요. 그렇게 말할 수 있을 정도라면 그 더러운 수전노 할멈을 죽일 일도 없었겠죠. 그 전에 이 손으로 신의 머리통을 부숴버렸을 테니까요!

인권보호회 회장 : 아아, 진정해요. 당신 같은 젊은이가 치기에 못 이겨 과격한 행동을 하는 건 어느 시대에나 있던 일이랍니다.

라스콜리니코프 : 이것 보시오, 당신은 또 착각하고 있잖습니까! 이렇게 얼간이들이 공연히 소란을 부리니 문제라는 겁니다. 당신 같은 인간들은 복종하기 위해 태어난 종족이에요. 왜냐고요? 세상을 살아가는 한 누구나가 애송이 현대인이니까요. 그런데도 현대에 태어나 살고 있다는 이유만으로 자기가 선지자라도 되는 양 착각하고, 마음대로 새로운 말을 만들어 내려고 해요. 게다가 결코 용서받지 못할 일을 저지르더라도 자기의 양심에 의해 용서받을 수 있다고 생각합니다. 그건 아니죠. 결정적으로 잘못된 겁니다. 내 행위는, 다른 사람이 아닌 '내'가 용서하는 거예요. 나를 용서할 권리는 나에게 있다는 겁니다. 그 권리를 실행하는 것이야말로 다가올 초인의 명백한 증거이자 절대자유의 증거지요. 그렇지 않으면 인간

은 한낱 해충일 뿐입니다!

인권보호회 회장 : 피고가 상당히 혼란을 겪고 있는 모양입니다. 소크라테스, 거기서 그렇게 웃고 있지만 마시고, 어떻게 생각하는지 말씀 좀 해주세요.

소크라테스 : 후후후. 이 청년, 여간내기가 아니네. 아직은 내가 나설 자리가 아닌 것 같으니 둘이서 더 얘기해보게.

인권보호회 회장 : 이보시오, 청년. 그렇게 혼자 골몰할 필요 없어요. 당신의 인권은 헌법이 확실히 보장하고 있답니다. 마음을 든든히 가져요.

라스콜리니코프 : 네? 뭐라고요? 누가 누구에게 뭘 보장한다는 겁니까?

인권보호회 회장 : 헌법이 당신의 기본적 인권을 보장하지요. 사람은 누구나 태어나면서부터 자유롭고 평등한 인권을 지닙니다. 그걸 헌법이 보장한다는 말이에요.

라스콜리니코프 : 잠깐만요. 사람이 누구나 태어나면서 자유롭고 평등한 권리를 지니도록 보장하는 헌법은, 도대체 누가 보장합니까?

인권보호회 회장 : 누구라고 말할 수 없어요. 정 말한다면 자연이라고나 할까? 인권은 타고나는 겁니다. 그래서 더 귀중하고요.

라스콜리니코프 : 아, 정말 절망적이군요. 절망입니다. 지옥에나 떨어지시지, 짐승들 같으니라고! 그렇게 자비로운 신이 만들어준 안락한 울타리 안에서 자유롭고 평등하다며 기세등등하게 콧대를 세우는 돼지들이여! 당신이 얼마나 단순한 논리모순을 저지르고 있는지 아십니까? '태어나면서부터 주어진 자유'라고요? 난 그런 걸 자유라고 인정할 수 없습니다. 결코 인정 못 해요. 먹이를 먹는 자유, 울타리 안을 뛰어다닐 자유, 마음에 드는 암컷과 맺어질 자유 따위, 당신 마음대로 누리시지요. 하지만 난 그런 자유는 신에게 고이 되돌려드리겠어요. 그리고 울타리 안의 돼지이길 그만두겠어요. 그만두는 것, 그게 내 자유입니다.

인권보호회 회장 : 우리는 돼지가 아닙니다. 인간이지요. 그것도 존엄한 인간이라니까요.

라스콜리니코프 : 존, 엄, 하다고요? 이거 놀랍군요. 인간이 무슨 어린 애들도 아니고 손에 손을 잡고 사이좋게, 인간은 모두 똑같이 존엄하다는 겁니까? 쳇, 웃기지도 않습니다. '평등'과 '존엄'이 어떻게 어울릴 수 있는지 설명 좀 해주시죠.

인권보호회 회장 : 소크라테스, 이 청년 정말 만만치가 않습니다. 비꼬는 건지 망상인지는 모르겠지만 상당히 극단적입니다. 이 청년을 위해 도움이 될 만한 얘기들을 다 찾아봅시다. 이것 참 난처하

군요. 소크라테스! 당신의 지혜를 빌려주세요.

소크라테스 : 봐, 재밌지? 둘이 한 얘기를 정리하는 정도라면 가능하지만,
내가 해도 괜찮겠어?
그럼 우선 방금 자네가 말한 이 청년을 위해 '도움이 될 만한
것'부터 생각해보자고. 대체 자네는 왜, 생면부지인 이 청년
을 그렇게 도와주고 싶어 하지?

인권보호회 회장 : 아까 했던 말과 같습니다만, 우리는 모두 평등하고, 태어나
면서부터 자유롭게 생존할 권리를 가졌습니다. 가령 범죄자
라 해도 그건 불변하는 사실입니다. 범죄가 발생하는 원인
도, 따져보면 우리의 자유를 규제하려는 사회에서 비롯합니
다. 그래서 우리는 인권을 침해하려는 모든 움직임을 부지
런히 감시하는 거죠. 이 청년을 도우려는 이유도 마찬가지
입니다.

소크라테스 : 그런데 아무래도 청년이 말하는 '자유'는 자네가 말하는 '자
유'와는 전혀 다른 것 같은데?

인권보호회 회장 : 같습니다. 이 사람은 자기의 자유로운 생존권을 사회에 의
해 침해받고 있습니다.

소크라테스 : 라스콜리니코프, 자네의 생각도 그런가?

라스콜리니코프 : 천벌이나 받으시지!

소크라테스 : 역시 아닌가보군. 그렇다면 자네가 청년을 위한답시고 하는 행동은, 사실은 그를 위한 게 아니라 그렇게 하고 싶은 자네를 위한 것은 아닌가. 쉽게 말하자면 공연한 참견 아냐?

인권보호회 회장 : 나는…, 뭐 괜찮습니다. 이 청년처럼 별난 사람은 늘 있기 마련이니까요. 남에게 인정을 베풀면 자신에게도 그에 걸맞은 좋은 대가가 돌아온다고 하지 않습니까? 우리의 인권이 서로가 서로를 위해 지켜야 할 보편적인 이념이라는 사실은 결코 변함없습니다.

소크라테스 : 하지만 '보편적'이란 건 모든 것에 타당하기 때문에 보편적인 거잖아. 저렇게 인권 따위는 필요 없다는 사람이 있는데도 보편적이라고 할 수 있을까?

인권보호회 회장 : 그것도 인정합니다. 적어도 살고 싶어 하는 인간은 모두 살아갈 권리를 부여받았다고 할 수 있어요. 그걸 개인의 기본적 인권이라고 하지요.

소크라테스 : 그리고 '천부인권(天賦人權)'이라고도 하지. 즉 하늘이 사람에게 내린 것이라는 뜻으로 모든 인간의 인권을 함부로 침해할 수 없다는 말로 자연권(自然權)이라고도 하고 말이야. 그렇다면 그걸 굳이 '권리'라고 부를 필요가 있을까?

인권보호회 회장 : 무슨 말씀이지요?

소크라테스 : 예를 들면, 절해고도에서 홀로 사는 남자가 있다고 생각해 봐. 그 남자가 스스로 '살아갈 권리가 있다'고 말하는 건 무의미하다고 생각지 않아? 그 말은 살고 싶다는 말과 어떻게 다르지? 그 남자에게 '권리'와 '욕망'은 같은 것 아니야?

인권보호회 회장 : 아닌 것 같은데요.

소크라테스 : 생각해 봐. 살아갈 권리가 있다니, 도대체 누구 들으라고 하는 소리야? 바다거북이나 야자나무한테? 전혀 의미가 없잖아. 그런 권리 따위를 주장할 시간에 사냥을 하거나 물고기를 잡으면서 욕망을 충실히 따르는 게 나을 걸?
'개인의 권리'란 사회가 있어야 비로소 의미를 가지는 것이야. 사회 안에서 살아가는 개인이 사회에 주장하는 개인의 욕망이라고도 할 수 있는 거지.

인권보호회 회장 : 듣고 보니 그렇네요.

소크라테스 : 그런데 뭘 어떻게 하고 싶다든지, 뭐가 갖고 싶다는 등의 욕망에는 반드시 '무엇'이라는 대상이 필요하지. 하고 싶은 것도, 갖고 싶은 것도 없는 건 욕망이 아냐. 욕망이 없다면 권리를 주장하는 일 또한 있을 수 없겠지.

인권보호회 회장 : 듣고 보니 그렇군요.

소크라테스 :　　그런데 혹시 자네는 무에서 유는 창조되지 않는다는 것, 유는 유에서만 시작된다는 걸 인정하나?

인권보호회 회장 : 무슨 말씀이세요?

소크라테스 :　　기본적 인권은 하늘에서 무상으로 부여받잖아? 형태도 없고. 하지만 욕망의 대상은 반드시 어떤 형태를 지니고 있지 않은가?

인권보호회 회장 : 그런데요?

소크라테스 :　　무에서 유를 창조할 수는 없잖아? 하늘에서 무상으로 부여받은 형태가 없는 기본적 인권을, 형태가 있는 욕망의 대상으로써 사회에 요구하는 건 애당초 무리야. 그건 무인도에 사는 남자가 자기는 살아갈 권리가 있으니 바다거북이나 야자나무 열매한테 자기 입까지 걸어 들어오라고 하는 것과 같아.

인권보호회 회장 : 우리는 무인도가 아니라 인간 사회에 살고 있어요. 그 사회를 구성하는 건 인권을 가진 인간들이니 그렇게 간단하지만은 않지요.

소크라테스 : 아니지, 그렇다면 더 비슷하지. 자네가 말하는 기본적 인권이란 살고자 하는 욕망을 충족시키기 위해 필요한 것을 자유롭게 사회에 요구할 수 있다는 거잖아? 존재한다는 이유만으로 말이야. 다시 말하면, 원래는 공짜로 얻을 수 있는 걸 노력도 하지 않고 돈으로 내놓으라고 서로가 손을 벌리고 있는 것 같은 거야. 그것도 끈덕지게 말이야.

인권보호회 회장 : 전 그렇게 얘기한 적 없어요. 우리가 자유롭게 살고 싶어 하는 기본적인 욕망의 실현을 사회가 부당하게 방해하지 못하게 하기 위해서 권리라는 개념이 필요하다는 얘기죠.

소크라테스 : 어이쿠. 뭐야, 자네가 말하는 권리는 천부적인 것이 아니라 개념이었어? 그럼 얘기는 간단하지. 권리란 사회와 개인 사이의 계약, 즉 규칙이야. 우리는 그 규칙에 따라 서로의 욕망을 실현하기 위해 노력하고, 위반하면 벌을 주지.

인권보호회 회장 : 그럼 살기 위해 살인을 저지를 수밖에 없었던 이 청년의 생명을 빼앗는 것도 규칙에 따라 용서받을 수 있다는 겁니까?

소크라테스 : '살인은 죄'라는 사회 규칙을 어긴 셈이니 벌을 받아도 할 수 없지. 자네 생각은 어때?

라스콜리니코프 : 죄와 벌이라! 만약 내가, 내 삶을 위해서만 그 노파를 죽였다면 후회의 눈물도 기쁘게 흘렸을 겁니다. 단두대 밑에 천 번

을 엎드려도 모자랄 정도겠죠. 그런데 아닙니다. 그게 아니에요. 나는 인간의 존엄을 지키기 위해 강자는 평범한 자를 짓밟고 넘어설 권리를 가진다는 내 사상, 역사와 미래를 위해 그리 해야 할 의무가 있다는 내 사상에서 추호도 죄를 찾을 수 없었습니다. 찾을 수 없었다고요. 그런데도 불구하고 저는 자수했습니다. 그게 저의 유일한 죄에요. 그로써 느끼는 괴로움만이 나에게 주어진 벌입니다. 맞아요, 나는 오직 나만을 위해 노파를 죽였습니다. 내 생명 따위 아무래도 상관없어요. 세상의 규칙에 따르든 말든 마음대로 하세요.

인권보호회 회장 : 하지만 생명이 있어야 인간의 존엄이 존재할 수 있습니다. 당신의 이야기는 처음부터 끝까지 본말이 전도되었어요.

라스콜리니코프 : 하하하! 본말이 전도되었다니, 당신이 나에게 그런 소릴 할 수 있습니까!? 당신, 생명의 권리는 신이 우리에게 그냥 주는 거라고 했죠. 하지만 의외로 옛말은 세상의 진리를 담고 있는 법입니다. '공짜만큼 비싼 것은 없다'는 말 들어본 적 있죠? 공짜로 받는 것에는 그 나름의 대가를 지불해야 된다는 말입니다. 그럼, 공짜로 받은 생명의 권리에 대한 합당한 대가는 뭡니까? 죽음입니다. 죽음밖에 없어요. 이거야말로 당연한 이치 아닙니까? 당신, 당신의 생명의 권리를 지키기 위해 죽을 각오가 되어 있습니까? 그런 각오가 없다면 당신은 공짜인생을 살고 있다고 세상에 공표하는 것밖에 안됩니다.

받기만 하고 내놓기는 싫고, 게다가 더 원하기만 하면서 도대체 뭐가 존엄하다는 겁니까? 난 그게 누가 됐든 뭐가 됐든, 그 대가로 죽음을 내놓지 않는 인간의 존엄을 결코 인정할 수 없습니다. 그게 비록 선행이라고 하더라도, 인류의 역사와 미래를 걸고 인정하지 않겠습니다. 그런 걸 존엄이라고 나불대는 인간은 내가 이 손으로 죽일 거예요. 죽음을 대가로 내놓는 게 불만이라면 신을 죽이세요. 그게 우리 인간이 지향해야할 궁극의 권리, 궁극의 자유입니다. 그때야말로 인간은 신이 되는 겁니다!

인권보호회 회장 : 이사람, 역시 극도의 심신소실상태인 것 같아요. 이대로 사회에 복귀시킨들 사람들에게 또 민폐만 끼칠 거예요. 당분간은 여기서 휴양시키는 게 좋겠어요.

소크라테스 : 후후후. 역시 두 손 들었군. 아무리 악법이라도, 법에 따라 죽는 건 더없이 긍지 높은 일이야. 자네도 이제 그만 집에 가서 뜨끈한 물에 몸을 담그고 충분히 생각해보게나.

제13장

성교육이 하고 싶어서

소크라테스

성을 말하는 여성단체 대표

악처 크산티페

성을 말하는 여성단체 대표 : 섹슈얼리티는 인간성의 원점입니다. 따라서 섹스를 향한 욕망 또한 불결하거나 부끄러운 일이 아니에요. 우리의 생명 에너지의 자연적인 발로죠. 인류공생의 사상은 상대를 사랑하고 서로의 성을 존중하는 성행위에 의거해서 생각되어야 합니다. 그런데도 높은 사람들은 항상 우리의 건강한 섹슈얼리티를 억압해왔어요. 남성의 매춘을 묵인하고 여성에게는 순결을 강요하는 역겨운 시스템을 유지, 강화하고 있습니다. 하지만 우리의 위대한 페미니스트 선배들은 용맹하고 과감하게 이를 따지고, 인습적인 성도덕을 붕괴 직전에까지 몰아넣었습니다. 칭송받아 마땅한 성과였죠. 하지만 여기서 생각지 못한 난제가 나타났어요. 바로 에이즈입니다. 당시에는 우리도 당황했습니다. 그래도 에이즈 예방의 대대적인 캠페인의 뒷면에서 다시금 인습도덕의 부활을 꾀하려는 움직임을 놓치지 않았어요. 에이즈 예방을 구실로 국가가 성을 관리하게 두면 안 됩니다. 우리가 먼저 선수를 쳐야 해요. 이것이 우리가 성교육을 추진하는 이유입니다.

아이들은 정말 솔직해요. 묘한 편견에 사로잡혀있는 어른들과는 정말 달라요. 아버지의 페니스가 충분히 발기하면, 엄마의….

소크라테스 : 응? 뭐라고?

성을 말하는 여성단체 대표 : (큰 소리로) 아버지의 페니스가 충분히 발기하면, 그걸 어머니의 질에 삽입한다는 겁니다. 뭐가 잘못됐나요?

소크라테스 : 아니, 내가 잘못 들은 줄 알았어. 그래, 그래서?

성을 말하는 여성단체 대표 : 그래서, 두 사람의 쾌감이 최고조에 달했을 때 사정을 하고 성행위를 끝내는 것이 바른 성교의 자세라고 가르치는 거죠. 아이들은 숨을 죽이고 눈을 빛내며 우리 얘기를 들어줍니다. 생명과 성의 대단함에 감동하는 거죠. 그럴 때마다 저는 성교육에 종사하고 있다는 것이 몹시 기쁘고 황홀해져요.

소크라테스 : 저런, 저런.

성을 말하는 여성단체 대표 : 남의 말 듣듯 그런 표정 짓지 마세요. 제가 오늘 찾아온 건 당신을 위해서예요. 국가가 성을 관리하기 시작하면 당신도 분명 곤란해질 텐데요? 듣자하니 미소년들을 좋아하신다면서요. 숨기실 것 없습니다. 오히려 당당히 밝히셔야 해요. 나는 게이

다라고요.

소크라테스 :　　　　　잠깐만, 나는 도대체 자네가 무슨 얘길 하는지 잘 모르겠는데.

성을 말하는 여성단체 대표 : 부끄러워 마세요. 자신의 성적 관심이 '남과 다른 것은 아닐까'하는 걱정이 바로 기성의 정조관념에 사로잡혀있다는 증거예요. 남자와 여자가 서로 사랑하는 게 자연스러운 거라면 남자와 남자가 서로 사랑하는 것도 자연스러운 거지요. 성을 제도에서 해방시켜 우리 손으로 되돌리기 위해, 우리 여자들은 게이들과도 연대할 각오가 되어 있습니다. 자, 용기를 내서 있는 그대로의 성을 인정하자고요!

소크라테스 :　　　　　이것 참 곤란하군. 어이, 여보! 나 좀 도와줘야겠는 걸.

성을 말하는 여성단체 대표 : 그래요, 소크라테스 선생님의 파트너인 크산티페. 우리는 당신의 넓은 마음에서도 배울 점이 있다고 생각합니다. 성을 즐기는 방법은 각자 다른 게 당연하니까요. 단, 에이즈 예방에는 만전을 기해야 해요. 파트너가 애인을 만나러 갈 때는 반드시 콘돔을 들려 보내도록 하세요. 물론 두 분이 사랑을 나눌 때도 잊지 마시고요.

크산티페 :   이상한 사람이네. 괜한 참견 하지 마. 그렇잖아도
이 사람의 그런 취미 때문에 아주 애를 먹고 있으
니까. 괜히 부추기지 마.

성을 말하는 여성단체 대표 : 당신도 아직 정조관념에 사로잡혀 있군요. 사랑하
는 사람이 어떤 사람이든, 그의 모든 것을 인정하
고 감싸주는 것이 진정한 사랑입니다. 당신들도
속히 아이들처럼 성교육을 받아야 되요.

소크라테스 :   성교육이라…. 그런 게 정말 필요해?

성을 말하는 여성단체 대표 : 꼭 필요합니다. 게다가 구체적이고 사실적이어야
해요. 우리는 현장에서 실제 크기의 아빠 인형과
엄마 인형을 교재로 사용하고 있어요. 생식기는
물론 털까지 성교육을 위해서라면 무엇 하나 감추
지 않고 그대로 만들어져 있지요. 있는 그대로 모
든 걸 가르쳐야 하기 때문이지요.

크산티페 :   어머나! 그런 것까지 교육 자료로 써가면서까지
가르쳐야 해? 그럴 바엔 차라리 애들 앞에서 당신
부부가 보여주는 게 더 빠를 것 같은데?

성을 말하는 여성단체 대표 : 그거랑은 얘기가 달라요.

크산티페 :	뭐가 달라? 뭐든 있는 그대로 가르쳐야 한다면서?

성을 말하는 여성단체 대표 : 저는 공적으로 가르치는 입장에 있는 사람입니다. 저 개인의 성생활은 그것과는 다른 사생활이에요.

크산티페 : 흥, 말만 번지르르하네.

성을 말하는 여성단체 대표 : 그런 게 아네요. 공과 사의 혼동은 옳지 않다는 말씀을 드리는 것뿐이죠.

크산티페 : 당신이 하도 집요하게 그런 얘기만 하는 것을 보니, 당신이 남편이랑 사이가 안 좋은 줄을 알겠어.

성을 말하는 여성단체 대표 : 정말 통속적인 발상이군요. 이러니까 우리에겐 바른 교육이 필수불가결한 요소라는 거예요. 당신이랑은 이제 할 얘기 없어요. 남성동성애자라는 이유로 부당하게 차별받아온 소크라테스, 당신과 함께 성교육의 앞날에 대해 건설적인 얘기를 나눠보지요.

소크라테스 : 아니, 나는….

성을 말하는 여성단체 대표 : 공적인 자리에서 성에 대해 논하는 것을 부끄러워하는 마음이야말로 불건전한 겁니다. 자, 긴장을 풀고 마음을 편하게 열어보세요.

소크라테스 :　마음을 열고 뭘 말하라는 거야?

성을 말하는 여성단체 대표 : 성이죠. 성의 훌륭함에 대해서요. 섹슈얼리티를 인정하는 것은 곧 휴머니티를 인정하는 것이라는 걸, 게이의 입장에서 대변해줘야죠.

소크라테스 :　그렇게까지 말한다면 할 수 없군. 하지만 자네가 먼저 말해봐. 난 성을 인정하는 게 어떻게 인간성을 인정하는 것과 같다는 건지 잘 모르겠어.

성을 말하는 여성단체 대표 : 남성 사회의 도덕은 성을 단순한 동물적 본능의 차원으로 생각했어요. 남성들은 여성들을 성욕의 배출구로 생각하거나 아니면 출산을 위한 수단으로밖에 보지 않아요. 여성들도 결코 건강한 성욕을 인정하려 하지 않고요. 그들은 여성이 자유롭게 성을 선택하는 건 있을 수 없는 일이라고 해요. 그래서 저희는 같은 인간으로서 여성도 자신의 성을 즐길 권리가 있다고 주장해야 하는 거고요.

크산티페 :　뭐가 그렇게 복잡해? 결국 자기도 하고 싶다는 것뿐이잖아.

성을 말하는 여성단체 대표 : 크산티페, 당신은 조용히 좀 하세요.

소크라테스 :   그래서, 동물의 성과 인간의 성은 어떻게 다른데?

성을 말하는 여성단체 대표 : 동물은 생식을 위해 본능에 따라 성행위를 하지만 인간은 생식에서 자유롭지요. 게다가 인간에겐 성을 컨트롤할 수 있는 정신이 있어요. 그래서 인간은 동물적 본능을 넘어서 부드러운 스킨십이나 애정표현으로서의 인간다운 섹스가 가능한 거죠.

소크라테스 :   그렇군. 그럼 성행위의 원동력으로서의 성욕, 그 자체는 동물적이라는 거지?

성을 말하는 여성단체 대표 : 그건 그렇죠. 그래서 동물들처럼 그저 관계를 가지는 것으로 만족한다면 인간의 성생활은 더 이상 풍요로워지지 못할 거예요.

소크라테스 :   성욕에 정신력이 더해져서 인간의 성이 풍요로워진다고?

성을 말하는 여성단체 대표 : 그렇습니다.

소크라테스 :   동물의 성이 그저 관계를 갖는 것뿐이라면, 정신력은 어떻게 인간의 성을 풍요롭게 하는 걸까?

성을 말하는 여성단체 대표 : 인간으로 하여금 상대의 기분을 상상하고 존중하
도록 하죠.

소크라테스 : 맞아. 즉, 정신력이란 곧 상상력이야. 그럼 상상력
이란 뭐지?

성을 말하는 여성단체 대표 : 글쎄요. 보이지 않는 마음을 생각하는 힘이라고
할까요?

소크라테스 : 맞아. 그렇다면 성행위는 보이지 않는 마음을 상
상하면서 하는 행동인데, 그걸 아이들에게 가르
치기 위해 아빠인형과 엄마 인형의 성기를 맞대
고 눈앞에서 보여주는 건 모순이라 생각지 않아?
그런 방법으로 행위를 하는 방법은 가르칠 수 있
을지 몰라도 상상하는 방법을 가르칠 수는 없잖
아? 자네는 뭘 가르치고 싶은 거야?

성을 말하는 여성단체 대표 : 하지만 아이들은 조용하고 솔직하게 내 말을 받아
들인다고요.

소크라테스 : 그건 문자 그대로 환멸이라고 나는 생각해. 상상
할 여지가 없잖아.

성을 말하는 여성단체 대표 : 그렇지 않아요. 저는 상상하는 방법도 확실히 교

육하고 있어요.

소크라테스 : 교육이란 어떤 사실을 있는 그대로 가르치는 거야. 그리고 상상이란, 어떤 사실 이외의 무언가를 생각하는 거야. 그렇지 않아?

성을 말하는 여성단체 대표 : 맞아요.

소크라테스 : 그럼 상상하는 걸 가르친다는 건, 어떤 사실을 있는 그대로 가르침과 동시에, 그 사실 이외의 무언가에 대해서도 가르친다는 건데. 그런 걸 어떻게 가르쳐?

성을 말하는 여성단체 대표 : 그런 추상적인 이론을 따질 시간이 없어요. 그보다, 에이즈 대책이라는 긴급한 문제를 풀어야 해요. 다음 세대를 짊어질 어린이들을 위해서라도 우리는 성에 대해 더 개방적이어야 해요.

소크라테스 : 흠. 그냥 성 얘기를 대놓고 하고 싶다는 거잖아.

성을 말하는 여성단체 대표 : 그건 어른들의 의무예요.

소크라테스 : 하지만 나는 특별히 배운 기억이 없는데? 그리고 배우고 싶다고 생각한 적도 없었어.

성을 말하는 여성단체 대표 : 요즘 아이들에게는 성에 대해 배울 권리가 있어요. 아이들은 본능적으로 성에 흥미를 가집니다. 때문에 어른들은 그것을 가르칠 의무가 있어요.

소크라테스 : 좋아, 알겠어. 그럼 생각해보지. 아까 자네는 공적으로 성을 가르치는 자신의 입장과 자네의 사적인 성행위는 별개라고 했어. 자네 말대로, 성행위란 원래 개인적인 일이지?

성을 말하는 여성단체 대표 : 물론이죠. 그렇기 때문에 성에 대한 모든 사회적 편견과 규제를 없애고 성을 해방시키기 위해서 있는 그대로를 가르쳐야 한다는 겁니다.

소크라테스 : 그럼, 성행위란 원래 개인적인 거라는 자네 생각 역시 사회적인 편견이나 규제일 가능성도 있겠네?

성을 말하는 여성단체 대표 : 그렇게 말씀하신다면 아니라고 할 수도 없지요.

소크라테스 : 자네는 성에 대한 모든 편견과 규제를 없애고 성을 해방시키고 싶지? 그렇다면 자네는 자네 개인의 성행위를 감추려는 이유를, 편견도 규제도 아닌 다른 이유를 들어 설명할 수 있어야 해. 공적으로 성행위를 논할 수는 있어도 공적으로 성행위를 할 수는 없는, 있는 그대로의 이유를 말이야.

성을 말하는 여성단체 대표 : ….

소크라테스 : 공사를 혼동하는 건 옳지 않다면서? 사람들은 성은 원래부터 사적인 것이고, 숨겨야 한다고 생각해. 이유 따윈 없어. 그런데 그런 성의 프라이버시를 인정하지 않고 아무것도 모르는 아이들에게 억지로 가르치려 하는 건 아이들을 관리하고 싶어 하는 어른의 이기심이라고 생각해. 무엇보다, 남에게 숨길수록 더 즐거워지는 법이잖아? 아이들에게서 벌써부터 그 즐거움을 빼앗자는 거야?

성을 말하는 여성단체 대표 : 편견에 대항하기 위해, 있는 그대로를 가르치는 것이 잘못됐다고는 생각하지 않아요.

소크라테스 : 아니, 나는 잘못됐다고는 하지 않았어. 하지만 공적으로 있는 그대로를 가르치려면 자네가 애들 앞에 알몸으로 서서 여기가 이렇고, 여기는 이렇다고 가르쳐야 하는 거 아니냐는 말이야. 본래 사적인 것을 공적으로 가르치는 거니까 말이야.

성을 말하는 여성단체 대표 : ….

소크라테스 : 뭐, 꼭 그렇게 하라는 건 아냐. 하지만 애들이 불쌍하잖아.

성을 말하는 여성단체 대표 : 됐어요. 하지만 에이즈라는 병이 사라지지 않는 한, 성교육을 그만둘 순 없어요. 아이들에게는 콘돔의 바른 사용법을 꼭 알려줘야 해요.

소크라테스 : 그냥 성행위를 할 때는 콘돔을 쓰라는 말이잖아. 에이즈로 죽기 싫으면 콘돔을 쓰라는 말 아냐?

성을 말하는 여성단체 대표 : 당연하죠.

소크라테스 : 그렇군. 그런데 자네는 아까, 인간의 성이 동물의 그것과 다른 이유가 본능으로부터 자유로운 정신력이 있기 때문이라고 했잖아? 그럼 동물의 본능이 가장 두려워하는 게 뭘까?

성을 말하는 여성단체 대표 : 물론, 죽음입니다.

소크라테스 : 그럼 인간이 죽음을 두려워한다는 건, 동물적 본능으로부터 진정으로 자유롭지 못하다는 말 아냐?
죽음을 두려워하지 않는 인간만이 동물적 본능으로부터 진정으로 자유롭다고 할 수 있는 것 아니냐고.

성을 말하는 여성단체 대표 : 그렇겠네요. 맞아요.

소크라테스 :	자네는 성행위의 원동력으로서의 성욕을 동물적이라고 했어. 그렇다면 죽음을 두려워하는 인간의 성행위는 단순히 동물적 성욕에 따를 뿐이라는 거잖아. 그 말은 자네가 말하는 섹슈얼리티와 휴머니티는 애당초 전혀 상관이 없었다는 건데? 그렇지 않아?

성을 말하는 여성단체 대표 : 섹스가 잘못됐다는 말씀이세요!?

소크라테스 :	설마. 섹스는 하고 싶지만 죽기는 싫다는 태도는 아무래도 아름답지 못하다는 것뿐이야.

성을 말하는 여성단체 대표 : 에이즈예요. 걸리면 죽는다고요.

소크라테스 :	에이즈에 안 걸려도 사람은 언젠가는 죽어. 그럼 하나 묻겠는데, 자네는 자신이 사랑한 상대가 어떤 사람이든 모든 것을 인정하고 사랑해야 한다고 말했잖아. 만약 자네가 정말 사랑하는 남자가 에이즈에 걸렸다면 어떻게 할 거야? 그래도 그 남자랑 잘 거야?

성을 말하는 여성단체 대표 : 그건…, 생각해 봐야겠죠.

소크라테스 :	생각해 봐. 생각해 낼 수 있는 범위 내에서의 최고

의 쾌락 아닐까? 죽을 만큼 사랑하는 사람과 문자 그대로 죽을 때까지 함께 할 수 있잖아. 말하자면 에이즈 동반자살 같은 거지. 아름답지 않아? 그런 섹스야말로 정신성의 극치야. 동물들은 절대 따라하지 못할걸?

크산티페 : 이것 봐, 내가 말한 대로잖아? 이러쿵저러쿵해 봐야 결국 이 여자는 자기가 즐기고 싶은 것뿐이라고.

성을 말하는 여성단체 대표 : 절대 그렇지 않아요! 아니, 절대라고 하면 거짓말이겠지만, 우리는 진심으로 아이들을 위해 활동하고 있어요.

크산티페 : 애당초 성교육이 가능하다고 생각해? 성은 산수가 아냐. 내버려둬도 언젠가는 반드시 알게 돼. 죽을 때까지 모르고 사는 얼간이를 난 한번도 본 적이 없어. 성교육 같은 건 안 해도 상관없다고.

소크라테스 : 동감이야. 오히려 아무것도 가르치지 않는 게 최고의 교육이지.

성을 말하는 여성단체 대표 : 그렇게 남 일처럼 말하시면 나중에 반드시 후회하실 걸요. 어쨌든 당신도 우리 같은 비주류니까요.

소크라테스 :	아니, 상관없어. 그런데 말이야, 여담이지만 미소년들은 정말 좋아. 조신함이 몸에 배어 있다고나 할까, 정말 참을 수가 없다니까.
크산티페 :	그만 좀 해요!

제14장

사후에도 차별이 있다면 구원이다

등장인물

소크라테스

예수

석가모니

소크라테스 : 사람들이 나에게 어째서 이 세상에서 차별이 없어지지 않는지 물어봐. 난 늘 다른 사람의 말을 듣고 나서야 깨닫는다니까. '그래, 차별이 있었지' 하고 말이야. 이 세상엔 차별이 참 많지. 알고 있었어? 성차별, 인종차별, 장애인차별 등 뭐든지 차별을 하지. 뭐든 상관없이 말이야.

석가모니 : 차별하는 입장에서는 그 뭐라도 상관없겠죠.

소크라테스 : 맞아. 그 사람들은 그렇지.

석가모니 : 자기들이 최고라는 사람들이니까요.

소크라테스 : 너무 흥분하지 마. '그들과 우리'라는 생각이 차별의 시작이니까. 하긴 자네들은 사람들을 잘 따르게 하는 게 자네들의 큰 재능이지? 다만 지금은 그렇게 법화나 설교를 할 때가 아니야.

석가모니 : 당신은 정말 사람들에게 끈기 있게 대해주시더군요. 그러면서도 말로는 늘 귀찮다고 하시니, 당치도 않습니다. 정말 귀찮다면 그 사람들을 상대도 하지 않겠죠. 그런데 우리 무슨 얘길 하고 있었죠? 아! 이 세상의 차별 얘기였지요. 차별이란 본래가 불교의 언어였어요. 엄격한 신분제도가 사람들을 괴롭히던 시대에 때마침 제가 만물평등, 일체중생실유불성(一切衆生悉有佛性)을 설파했지

요. 그리고 왕자라는 지위를 버리고 만물평등을 몸소 실천한 덕분에 저는 위대한 사람으로 추앙받게 되었지요.

예수 : 그런 일이 있을 수가 없는데도 실제로 가능한 일들이 있지. 나는 맹인의 눈을 뜨게 하고, 앉은뱅이를 걷게 하고, 매춘부의 죄를 사해서 위대해졌어. 바보 같은 일이지.

석가모니 : 제 말이 그 말입니다. 인간 스스로가 육체나 신분상의 차별이 있다는 마음가짐이 없는 차별을 있는 것처럼 만들어버린다는 말입니다. 그저 우연한 현상에 지나지 않는데도 말이죠. 이런 당연한 것을 깨닫지 못하는 몽매한 중생들은 차별상을 실상이라고 믿고서는 질리지도 않고 옥신각신하고 있어요. 애당초 없었던 것을 점점 더 있는 것처럼 믿으면서요. 색즉시공(色?是空), 이처럼 단순한 진리를 어째서 모르는 걸까요. 말이 좋아 '일체중생실유불성'이지요. 이미 모두가 평등한데, 그렇게 말함으로써 마치 실현되어야 할 먼 미래의 목표 같지 않습니까?

예수 : 하지만 그걸 깨닫게 하는 게 제일 어렵다니까?

석가모니 : 그래요. 있는 것을 없다, 없는 것을 있다고 하는 것은 쉽지만 없는 것을 없다고 가르치는 것, 그리고 그것을 이해시키는 것은 정말 어렵지요.

소크라테스 : 후후….

예수 : 왜 웃어요? 당신은 정말 얄밉다니까. 집요하게 문답하는 당신의 전략은 먼저 말하는 놈이 이길 수 있는 방법이었던 것 같아. 이제 와서 생각하지만, 십자가나 독이든 인삼이나 똑같아. 사람들은 잘 모르는 걸 두려워하기 마련이니까. 하지만 말은 달라. 이미 입 밖으로 낸 말은 잘 모른다고 해도 되돌릴 방법이 없어. 단언하는 수밖에 없지. 맞으면 맞는 거고, 아니면 아니라고 말해야 해. 나는 말했지. '신을 따르는 자는 누구나 나의 형제다'라고.

석가모니 : 말하지 않는 게 좋았을 걸 그랬네요.

예수 : 자네가 남 말 할 처지야? '일체중생실유불성'이라니, 이거야말로 말하지 않는 게 좋았지. 그 말을 들은 자네 제자들이 그 기회를 놓치지 않고 '제일천제(除一闡提)'라는 말을 덧붙였으니 말이야. '일부를 제외하다'라니 이게 도대체 무슨 말이야? 덕분에 후세에 그것이 여인인지, 천민인지, 도대체 뭘 가리키는지를 가리려는 시비가 끊이지 않았잖아. 알고 있지? 예를 들면, 부락에서는 그걸 여자들이라고 생각하고 여자들을 차별했어. 하지만 여자들도, 차별하는 인간들은 절대 용서 못한다면서 세상에 평등을 실현시키자며 부락을 차별했지. 서로가 서로를 차별한 거잖아.

소크라테스 : 그렇게 따지면 예수, 자네도 차별에 한 마디 거들었잖아. '이 말을 받아들일 힘이 있는 자들만 받아들이라'며? 자네 추종자들은 그 말을 받아들일 수 있는 건 자기들뿐이라면서, 이교도나 다른

종파는 알 리가 없다고 말하면서 엄청나게 차별을 했지. 자네는 정말 아주 교묘하고 대단하다니까. '너의 적을 사랑하라'고 하면, 없는 적도 생겨버리게 되잖아.

예수 : 아, 그 말은 말하지 말걸 그랬어.

석가모니 : 아무리 부처라도 불교와 연(緣)이 없는 중생은 구제할 도리가 없지요.

소크라테스 : 그렇지? 그럼 그건 차별이 아냐?

석가모니 : 하지만 모른다며 으름장을 놓는 사람을 어떻게 이해시킬 수 있단 말입니까? 자기를 이해시켜보라고 시비조로 달려드는 통에 저도 정말 지칩니다.

소크라테스 : 하하.

예수 : 너무 웃으시는군요.

소크라테스 : 아니, 미안해. 하지만 웃기잖아. 안다는 것의 주체는 자기 자신이지, 다른 사람이 대신 알아줄 수는 없어. 그런 당연한 것도 모르는 사람이 자네들 말을 이해할 수가 있겠어?
자신은 아무것도 모르겠다고 하며 자신을 이해시켜보라는 소릴 하는 사람은 애당초 안다는 것, 모른다는 것의 차이에 대해 아는

사람이라는 건 자네들도 알만하잖아.

석가모니 : 맞습니다. 차별, 구별, 분별, 즉 '안다'는 것은 본래 '이해할 수 있다'는 것이지요. 만물일여의 무분별한 여래장에서 발생한 다양한 분별은 상대적인 현상에 지나지 않습니다. 그런데도 그것들만을 절대적인 실체라고 믿고 집착하는 우매함, 그것을 이해시켜야 하는 어려움. 무분별을 모르면 사실은 분별도 모르는 셈입니다.

소크라테스 : 응. 나도 논리 문답을 하면서 상대를 몰아세우지만 결국 그걸 이해했는지 어떤지는 상대 자신밖에 몰라. 덕은 가르칠 수 있기도, 가르칠 수 없기도 하다는 말도 그런 거야. 아는 사람에게 가르치면 가르칠 수 있는 것이고 모르는 사람에게는 가르쳐도 가르칠 수 없는 것이지. 그건 정말 어쩔 수 없어.

석가모니 : 그렇다면 포기해야 합니까?

소크라테스 : 어쩔 수 없잖아.

석가모니 : 하긴 그렇네요.

예수 : 자넨, 천상천하 유아독존 할 때가 속 편했지.

석가모니 : 당신은 선택받은 신의 아들로 지낼 때가 편했던 게 아니고요?

소크라테스 :   어쨌든 자네들은 사람들에게 설교를 하거나 깨달음을 줬어. 그
런 짓은 관두고 혼자 떠돌아다니는 게 더 속 편했을 것 같은데?

예수 :   어이쿠, 사돈 남 말하시는 군요. 당신이야말로 귀찮지 않으셨습
니까?

소크라테스 :   나? 나는 뭐, 일종의 스포츠라고나 할까. 체조 같은 거야. 유아독
존하기엔 인생은 너무 길잖아?

예수 :   역시 여유가 있으시군요.

소크라테스 :   맞아. 여유로워. 생각해봐. 우리에게는 여유가 꼭 필요하다고
생각하지 않아? 종교에는 아무리 봐도 너무 여유가 없는 것
같아.

석가모니 :   구제받기를 원하는 중생들 마음에 어떻게 여유가 있겠습니까.

소크라테스 :   응. 그럼, 자네는 있어? 구제받고 싶은 중생의 마음을 구제하려
는 자네의 마음에는 여유가 있냐고?

석가모니 :   ….

소크라테스 :   부처의 자비가 뭘 말하지?

석가모니 :   저는 잘 모르겠습니다.

예수 : 그러고 보니, 아무래도 하찮은 인간까지 사랑하기는 너무 힘들어요.

소크라테스 : 구제와 차별은 어떤 관계일까? 나는 자네들의 생각이 궁금해. 신부가 된다는 것은 자신이 신에게 선택받았기 때문에 다른 인간과는 자신이 특별하다고 생각하는 거잖아? 그런데 선택받은 신부가 모든 인간은 신 앞에 평등하다고 하는 건 좀 이상하지 않아? 그러나 다른 사람은 아는지, 모르는지 모르겠지만 자신은 확실히 인간은 모두 같다는 사실을 잘 알고 있기 때문에 마음속으로는 자신이 전혀 특별한 사람이 아니라 똑같은 한 인간일 뿐이라고, 생각하고 있을 거잖아? 그것을 참회하는 신부, 당연한 결과 아니야?

예수 : 그러니까, 그건 신자들 얘기지요. 우리는 그럴 생각이 아니었어요.

소크라테스 : 현명한 자네들이 그런 것도 예상하지 못했단 말이야?

석가모니 : 저는, 중생을 버려둘 수 없었습니다.

소크라테스 : 가령 그들을 속여서라도 구제하려고 했어?

석가모니 : 그런 말씀은 그만두세요.

소크라테스 : 그런데 자네도 알고 있는 대로, 대부분의 중생이란 정말이지 알 수가 없다니까. 이건 차별이 아니라 단순한 사실이야. 자신을 좀처럼 버리지 못한다고. 자신은 자신이라고 착각하고 있어. 아니, 물론 자신은 자신이지. 하지만 그런 자신은 다름 아닌 스스로가 생각해낸 상대적인 현상인 뿐인걸. 그런 걸 뭔가 대단한 것처럼 생각하고 있으니, 기껏 알게 된 것도 깨닫지 못하는 거야. 정말로 안다는 것은, 그 깨달음이 자기 스스로 깨달은 것이 아니라는 것을 이해한다는 뜻이잖아. 교주의 말씀을 이해하는 게 동네방네 자랑할 만큼 대단한 일이야?

예수 : 그건 저의 종교를 말씀하시는 겁니까?

소크라테스 : 꼭 그렇다고는 할 수 없어. 종교적인 것이란 애당초 인간과 신 사이의 무언가, 아니면 대단히 고독한 무언가라는 걸 자네들은 알고 있잖아. 그런데 어떻게 거기서 다른 사람을 구제하느니 평등이니 하는 것들이 문제가 될 수 있는지를 모르겠다는 거야. 왜 인간들은 각자의 방법으로 신이니, 부처를 따르지 못하냐는 말이야.

예수 : 그러면 종교라고 할 수 없잖아요.

소크라테스 : 맞아. 그래서 내가 종교는 사기라는 거야. 교단이나 운동 같은 건 다 거짓말이야. 더구나 표현의 수는 제한되어 있지. 불특정다수가 일방적으로 듣는 시스템이니, 자네들 한 사람의 표현이 그

사람들에게 각자 어떻게 받아들여질지는 확인할 수 없고, 되돌리지도 못해. 물론 집단을 통솔하기에는 수월하겠지. 하지만 그러기 위해서 신이 있는 거라면 얘기가 완전 달라지잖아.

예수 : 이런, 이런. 요컨대 제가 사기집단의 보스라는 겁니까? 사실, 나의 제자들도 아무래도 이해를 잘 못하고 있는 것 같긴 해요. 우상을 숭배하지 말라고 설교한 내가 바로 그 우상이 되어 버렸으니 말입니다. 역시 여러 상대에게 한 번에 전하기는 어려운 일일까요?

소크라테스 : 대원칙이야. 그게 '인연'이지. 난 죽은 다음에 구원받는 인간이 있고 구원받지 못하는 인간이 있다는 그런 사고방식이 이해가 안 돼. 그렇잖아? 이 세상의 자신이야말로 이 세상에서 구원받지 못하는 가장 큰 원인인데, 그런 자신을 일부러 저 세상으로 보내버리면서까지 뭣 하러 구원받으려 하냐고. 지옥에 간들 그리고 천국에서 편하게 지낸들, 사후에 받을 차별로써 지금의 자신을 구원하려는 생각은 아무리 생각해도 이해가 안 된다고. 사후에는 천국도 지옥도 존재하지 않는다고, 하지만 천국이라거나 지옥이 확실하게 있는지, 없는지는 자네들도 단언할 수도 없다고 확실히 고백한 후에, 그들이 깊이 고민하게 만드는 게 오히려 구원이 되는 것이 아닐까? 그러니 말 한마디를 해도 신중하게 해야 되는 거라고.

석가모니 : 아뇨, 꼭 그렇다고도 할 수 없습니다. 아무리 세상을 모르는 인간이라도, 삶을 살면서 조금씩 깨닫게 되기도 해요. 당신도 인정하시죠? 확실히 이해하고, 똑똑히 알고, 열반에 각성하는 그 때까지 우리의 정신의 성장은 내세, 내내세(來來世)에까지 계속된다고 할 수 있지요. 그리고 당신은, 그리고 나는 몇 번의 내세를 거쳐 온 결과 현세의 자신에게 집착하지 않게 되었어요. 그리하여 번뇌의 육도윤회(六道輪廻)에 떨어지지 않고 지금 이 자리에서 구원을 성취한 것이죠.

소크라테스 : 응, 그럴지도 몰라. 하지만 어떻게 그게 구원이야?

석가모니 : 평범한 사람들도 왕생을 하는데 하물며 죄를 뉘우친 악인이라고 구원받지 못하겠냐고 말한 사람도 있었다니까요.

소크라테스 : 응. 그럴지도 몰라. 하지만 어째서 그게 왕생이냐고?

석가모니 : 뭐가됐든 있는 그냥 그대로 좋은 겁니다.

소크라테스 : 그렇지? 나는 그게 납득이 안 된다는 거야. 있는 그대로 존재하는 것이 구원이나 왕생이라면, 그건 전혀 있는 그대로가 아니잖아. 살거나 죽거나 하는 것이 있는 그대로라면, 그 살거나 죽거나 하는 것이 그 있는 그대로일 리가 없어. 있는 그대로 존재한다는 것은 대체 뭐가 있는 그대로라는 걸까? 만약 죽음이 생의 구원이거나, 무(無)의 상태를 향한 공포일 수 있다면 자네들이

가르침을 설파할 필요도 사실은 없지 않았을까?

예수 :　　　이제 그만하시지요.

소크라테스 : 아, 미안해. 잠시 여유를 잊었어.

석가모니 :　사람은 좀처럼 그냥 가만히 있지를 못해요. 당신만큼 강하지 않습니다.

소크라테스 : 나 역시 지루한 건 못 참아. 그래서 매일 라디오 체조를 빼먹지 않고 하고 있지.

석가모니 :　정말 그것뿐입니까?

소크라테스 : 하늘에 맹세코 그렇다네.

예수 :　　　당신은 분명 신을 싫어하는 게 틀림없어요. 저는 그렇게 생각합니다.

소크라테스 : 응. 그럴지도 몰라. 세상에 신보다 차별하는 존재는 없으니까. 다만 내가 싫어하기 위해서는 신이 존재해야만 하겠지.

예수 :　　　아, 정말이지 이 얘기는 이제 합시다. 됐습니다.

석가모니 :　그저 있는 그대로면 됩니다.

제15장

인생은 설명할 수 없다

소크라테스

노인

노인의 손자

노인 :   말이란 줄곧 한 자리에서 우리를 기다려주는 것 같은 기분이 듭
니다. 어떤 말을 이해하고 납득할 수 있다는 것은 우리가 그 말
을 향해 그만큼 다가갔다는 뜻이지요. 그 말이 마치 계속 그곳에
서 기다려주었던 것처럼 말입니다.

대부분은 예상했던 곳에서 말을 만나게 되죠. 내가 하고 싶은 말
은 '남은 인생을 헤아리다.'라는 말이 있지 않습니까? 내가 그 표
현을 실감하기 위해서는 지금까지 나이를 먹어가며 여기까지 올
필요가 있었다는 건 당연한 사실입니다만, 나는 그 당연한 사실
이라는 것이 묘하게 신기하게 느껴집니다.

소크라테스 : 정말 동감이야. 우리가 어떤 말을 듣고 깜짝 놀라서 진정으로 자
신의 뒤를 돌아볼 수 있게 되는 건, 인생을 처음 살고 있다는 증
거지. 이전에 살아본 적이 있다면 깜짝 놀라지 않을 테니까.

노인 :   맞습니다. 나도 정말 다양한 경험을 해왔어요. 이 세상에 대해
나름 대충 다 안다고 생각합니다. 하지만 이런 저도 이렇게 나이
를 먹은 건 태어나서 처음이지요. 물론 처음이라고 새롭다고 느
끼는 나이는 아니지만, 여러모로 생각해보면 대체 이 인생이라
는 놈은 성실하게 사는 사람을 바보 취급하는 것 같아요. 철학자
는 그런 생각 안 듭니까?

소크라테스 : 동감이야. 만약 인생의 답이 철학에 있었다면 사람들은 철학을

하지 않았을 거야. 철학자라는 사람이 대놓고 할 만한 얘기는 아니지만, 역사상 대단하다는 책들도, 사실은 인생이라는 묘한 대상을 우연히 만나게 된 인간의 놀라움과 당혹스러움 그 자체에 대한 기록인 것이야.

노인 : 당신이 그렇다면 그렇겠지요. 사실은 나도 인생의 답을 찾아낸 사람이 있을 거라곤 생각하지 않습니다. 모르겠어요. 뭘 모르겠느냐하면 글쎄, 사람은 자신이 죽을 걸 알면서도, 죽음 따위는 존재하지 않는 것처럼 살아요. '내가 존재하는 동안에는 죽음은 존재하지 않고, 죽음이 존재하는 때에는 나는 이미 존재하지 않는다.'는 말, 에피쿠로스가 한 말이었던가요? 내가 이 말을 이해하려면 아직 더 살아봐야 될 것 같습니다.

소크라테스 : 정확해. 그리고 더 살아보면 또 다시, 아는 척을 해야 할 말이 기다리고 있지. 꼭 약 올리는 것 같다니까?

노인 : '삶도 모르면서 어찌 죽음을 알겠느냐.' 정말 얄미운 표현이지만 잘 생각해보면 맞는 말입니다. 그렇게밖에 표현할 길이 없지요. 문득 우리에겐 삶과 죽음 이외에는 없는 것 같은 생각도 듭니다. 묘하게 들렸다면 미안합니다.

소크라테스 : 아니야, 인생을 헤아린다는 건 사실은 갓 태어난 아기도 아는 사실인걸 뭐.

노인 : 　저는 젊었을 때 전쟁에서 사선을 넘어 살아남은 경험도 있고 해서, 인생을 헤아리는 건 멍청이들이나 하는 짓이라며 비웃었어요. 하지만, 늙는다는 것과 죽음은 역시 다르다는 것을 깨닫게 되었습니다. 이게 바로 늙는다는 것이지요. 이런 형편에 만사가 뒤처질 대로 뒤처지는 건 도대체 왜일까요?

노인의 손자 : 할아버지는 요즘 매일 이런 소리만 해요. 살아 있을 때는 살아있는 거니까, 아무리 죽음에 대해 생각해도 별 수가 없어요. 저도 내일 갑자기 명이 다할지도 모르지만, 죽을 때는 죽는 거니까 그런 생각은 안 해요. 나는 내 인생을 짧고 굵게 살고 싶어요.

노인 : 　그러냐. 너는 참 기특한 아이구나. 인생은 네가 원하는 대로 된단다. 원하지 않는 대로는 되지 않으니까 너 좋을 대로 살려무나.

노인의 손자 : 맞아요. 나는 마지막까지 내가 살고 싶은 대로 살 거예요. 그렇지 않으면 사는 의미가 없잖아요.

노인 : 　네 말대로다. 뭐든 좋아하지 않는 일을 하면서까지 살 필요는 전혀 없어. 하지만 말이다, 그렇게, 인생에 의미가 있는지 없는지 하는 것 자체가 마치 남의 일처럼 느껴질 때도 있단다.

노인의 손자 : 그럴 리 없어요.

노인 : 너도 언젠간 알게 될 거다.

노인의 손자 : 할아버지, 그런 말투 하지 않는다고 약속했잖아요.

노인 : 그렇게밖에 말할 도리가 없단다. 소크라테스, 이 녀석 참 기특하지요? 젊다는 건 좋은 거지요. 하지만 부럽다는 건 아닙니다. 나도 젊었을 때가 있었으니까. 이건 단순한 순서야. 다만, 인간의 순서는 나비의 순서만큼 정확히 돌아오지는 않는단다. 나비는 애벌레에서 번데기가 되고, 가장 마지막에 아름다운 나비가 되지. 그리고 그 아름다운 모습으로 생의 마지막 날을 구가한 끝에 툭 떨어져서 죽지만, 인간은 그렇지 않아. 나비가 되고 나서의 인생이 의외로 길단다. 신의 장난이지. 굵고 짧게 산다는 말은, 젊은 사람들이나 하는 말이야. 실제로는 그럴 생각이 없어도 오래 사는 경우가 많단다.

소크라테스 : 좋지도 나쁘지도 않지.

노인 : 맞습니다. 사람들은 인생이 좋은지 나쁜지에 대해 말하지만, 그런 걸 따진다 한들 그저 인생인걸요. 그건 자기가 자기 인생에 이러쿵저러쿵 참견할 수 없는 것과 같습니다. 그런 사실을 깨닫고 나서는 뭐, 별로 불평 없이 살게 되었어요. 조용히 사는 것 외에는 어쩔 도리도 없고, 말해봤자 소용없으니까요. 그렇다고 그걸 단념이라고 할 정도로 인생에 무언가를 바라며 산 것도 아니었어요. 당신은 뭐든 잘 알거라 생각하지만요.

소크라테스 : 그렇군. 이 세상에 나온 그 시점에서 우리는 모든 것을 포기하지 않으면 안 된다는 건가. 태어났다는 건 포기할 수밖에 없는 거야.

노인 : 맞습니다. 그렇게 생각하면 '운명'이라는 말도 그다지 대단한 말은 아니지요. 어떤 일이 일어났고, 그 이외에는 일어나지 않았다는 사실이 그 외에 뭐가 될 수 있겠습니까.

소크라테스 : 확실히 별로 대단한 말은 아니야. 하지만 사람들은 우리가 존재하는 건 그저 존재할 뿐이라고 좀처럼 생각하지 않아.

노인 : 이미 정해져 있었다고 생각하건 생각하지 않건 마찬가지입니다. 뭘 해야 할지 정하는 것은 언제나 그 시점의 자신 이외에는 없으니까요. 만약 '운명'이라는 말을 한다면 운명을 정한 것은 나의 결단이겠지요.

소크라테스 : 뭔가를 말할 수 있다면 그렇겠지.

노인 : 시간은 어째서 한쪽으로만 흐를까요?

소크라테스 : 나는 몰라.

노인의 손자 : 전 알아요. 우리들이 사는 이 우주가 아닌, 어딘가 다른 우주에서는 시간이 미래에서 과거로 흐른다고 스티븐 호킹 박사가 말했어요. 사람은 살수록 젊어지고, 태어나기 전에 죽어있는 거랬어요.

노인 : 좀 이상한 우주구나. 생각하니까 기분이 이상해졌어. 대체 어떤 인생일까?

노인의 손자 : 할아버지가 아까 말했던 나비의 인생이에요. 인생의 가장 마지막에 청춘의 시기가 오는 거죠. 좋지 않아요?

노인 : 흐음. 하지만 분명 그렇게 되면 사람은 후회하거나 아쉬워하거나 슬퍼하는 감정을 잃게 될 거야. 살수록 무미건조한 사람이 된다면 좀 재미없지 않겠냐?
생각해봐라. 내 한 시간이랑 너의 한 시간은 분명 달라.

노인의 손자 : 왜요?

노인 : 왜일까? 나도 조금 더 젊었을 때에는 시간이 정말 빠르다고 느꼈어. 아이였을 때와는 전혀 달랐지. 그래서 그건 분명 육체가 완성의 정점을 향해 기를 쓰며 올라가는 데는 시간이 걸리지만 일단 정상에 도착한 다음에는 썰매를 타고 내려오는 것 같은 거라고 생각했지. 하지만 지금 생각해보면 좀 다르구나. 이렇게 말은 하지만 그건 역시 삶의 시간이었던 거야. 지금은 말이다, 얼음이 천천히 녹고 있는 것 같은 기분이란다. 너도 언젠가 시간의 신기함을 깨닫게 되겠지만, 그 때는 너 자신이 스스로는 어쩔 수도 없게 인생을 살았음을 깨닫는 때이기도 하단다.

노인의 손자 : 그럴까요?

248

노인 :   그럼. 인생은 곧 시간이야. 시간이 지나기 때문에 인생인 거지. 아니, 지나가는 것은 시간이 아니라 인생인지도 몰라. 나 역시 사실은 잘 모르겠다. 이런 감정이야말로 사랑과 자애, 아름다움을 낳고 또 괴로움이나 미움을 낳아, 그 외에 모든 인간의 감정을 낳는 어머니인 것이다. 모든 시인들은 이 감정을 노래했지. 예술도 사상도 학문도, 인간의 문학은 여기서 태어났어. 아니, 인간은 모두 이미 모든 것을 알고 있어. 다시는 돌아오지 않는다는 것을 말이야. 만약 그렇지 않다면 소크라테스, 사람이 세상사에 '아아'하고 감동하는 그 순간은 뭐라고 설명할 수 있습니까?

소크라테스 : 아, 그 감탄사 말인가? 나는 가끔 지금까지 이 세상에 태어나서 살다 죽어간 많은 사람들이 흘렸을 그 감탄사가 얼마나 될지 생각해보곤 해. 그 소리는 아마 훨씬 더 많은 감동으로 옮겨가는 것 같은 기분이 들어. 사람은 자신의 인생을 떠올리는 것으로만 인간의 역사니 뭐니 하는 자신이 모르는 것을 생각할 수 있어. 또 그렇지 않으면 역사를 생각한다는 것에 얼마나 의미가 있겠어?

노인 :   생각해보세요. 살아있는 사람이 죽는 것과 봄이 되면 꽃이 핀다는 것은 그렇게 크게 다르지 않아요. 육체의 죽음은 자연현상에 지나지 않아요. 하지만 그 자연현상에 지나지 않는 현상이 어떻게 사람 마음에 슬픔을 남길 수 있는 걸까? 물리를 감정으로 바꾸는 이 마음의 마술과 같은 구조가 나는 아무래도 이해가 되지

않습니다. 이해하려고 애쓰는 동안 어느 새 내 순서가 돌아왔어요. 내가 죽어도 나 자신은 슬퍼하지 않을 테지만요.

노인의 손자 : 할아버지는 슬퍼하지 않아도 나는 싫어요.

노인 : 싫어도 할 수 없지 않냐.

노인의 손자 : 하지만….

노인 : 소크라테스, 사람이 무언가를 말하거나 한다는 것이 아무래도 좋다는 건 잘 알고 있습니다. 하지만 사람이 사람의 죽음을 슬퍼하든 슬퍼하지 않든지 상관없다는 것은 굉장히 무리한 얘기 아닙니까? 저는 많은 사람들이 울부짖으며 슬퍼하는 모습을 마치 이 세상 것이 아닌 양 바라보는 자신을 깨닫고 깜짝 놀랄 때가 있습니다.

소크라테스 : 감정도, 사실 말하면 아무래도 상관없어. 슬프다고 생각하지 않으면 슬프지 않아. 그렇기 때문에 사람은 '아아'하고 기쁨의 또는 절규의 한숨을 쉴 수밖에 없는 거야. 어떻게 느껴야 좋을지 모르는 마음이 곤란한 나머지 '아아'하는 거지.

노인 : 왜 그렇게 됐을까요?

소크라테스 : 나는 몰라.

노인 :   죽은 사람은 누구였을까요?

소크라테스 : 그것도 몰라.

노인의 손자 : 두 분 다 좀 이상해요. 정말 이 세상 사람들의 얘기가 아닌 것 같아요. 도대체 무슨 얘기를 하시는 거예요?

노인 :   인생 얘기란다.

노인의 손자 : '인생이란 무엇인가'요?

노인 :   아니, '어째서 인생인가'지.

노인의 손자 : 잘 모르겠어요.

노인 :   나도 잘 몰라.

노인의 손자 : 이상해요.

소크라테스 : 애야, 이 세상에 당연한 것보다 신기한 것은 없단다. 예를 들면, 네가 좋아하는 여기 있는 이 할아버지가 어떻게 이 사람이 너네 할아버지냐?

노인의 손자 : 어째서라니요, 우리 아빠의 아빠니까요.

소크라테스 : 너는 할아버지가 그래서 좋으냐? 그럼 네가 좋아하는, 그리고 아

마 너보다 먼저 돌아가실 할아버지는 아빠의 아빠가 아니면 도 대체 누구냐?

노인의 손자 : 우리 할아버지요.

소크라테스 : 그래, 맞다. 네가 기억하기로는 이 사람은 처음부터 너의 할아버지였지? 너는 할아버지를 '할아버지'라고 불렀고. 이거 정말 신기하지 않냐? 네가 이 사람을 '할아버지'라고 불러서 이 사람은 너의 할아버지가 되었어. 그렇지 않으면 이 사람은 그냥 이 사람이지 아무도 아니야.

노인의 손자 : 그건 이 사람이 가족 안에서 할아버지라는 역할을 하고 있기 때문인가요?

소크라테스 : 아니, 그런 게 아니야. 그런 게 아니라, 그건 네가 스스로를 '나'라고 부르기 때문에 너 자신이 되는 거고, 그렇지 않으면 너는 그저 아무도 아닌 것과도 같단다.

노인의 손자 : …?

소크라테스 : 나도 확실히는 몰라. 하지만 나는 내가 모른다는 것만을 확실히 알 수 있단다.

노인의 손자 : 하지만 나는 우리 할아버지의 추억을, 내가 죽을 때까지 절대로

잊지 않을 거예요.

소크라테스 : 아, 너는 정말 좋은 녀석이구나. 나는 너 같은 사람이 정말 좋다.

노인 : 정말 좋은 녀석이지요? 전후(전생과 내세)'는 잘려져 있다고 말했
지만, 어찌됐든 이 녀석은 내 손잡니다. 그걸로 됐지요. 그 이상
의 뭐가 더 있겠습니까.

소크라테스 : 동감이야.

노인 : 사실 시간만이 흘러가는 것도 아니고 인생만이 흘러가는 것도
아니라, 둘이 함께 흘러가고 있는 건 아닐까 싶을 때가 있어요.
실제로는 무엇 하나 흘러가지 않는 건 아닌가 하고. 내가 이 아
이와 만나서 이 아이의 추억과 함께 죽고, 이 아이도 나의 기억을
안고 언젠가 죽겠지요. 나도 이 아이도, 그 사실을 아는 다른 사
람들도 누군가 죽게 되어도 나와 이 아이가 단 한 번 만나 우정을
쌓았다는 그 자체는 영원히 사라지지 않을 것 같은 기분이 듭니
다. 말로는 잘 설명하기 어렵지만요. 하지만 그것도 좀 슬퍼요.
곰곰이 생각해보면 아무래도 내 인생은 내가 살았다고는 설명하
기가 정말 어려운 문제에요. 소크라테스!

제16장

스스로 죽으라

[소크라테스의 유언1]

소크라테스

존엄사회 회장

때는 소크라테스 처형일, 감옥에서.

존엄사회 회장 : 정말 대단한 일이 벌어졌습니다. 소크라테스. 당신에게 사형 판결이 내려졌습니다, 재판장에서의 당신의 태도는 좀 심하긴 했지만 그래도 건강하게 살아 있는 사람을 이런 데에 처박아 놓고 죽음을 기다리라는 건 너무 심하잖습니까. 도대체 인간의 존엄성을 뭐라고 생각하는지! 우리는 같은 인간으로서 분노를 금할 길이 없습니다.

우리 존엄사 회는 이름 그대로, 인간의 존엄성은 죽음을 맞이할 때 비로소 그 진가가 나타난다고 생각하고 활동해왔습니다. 소크라테스, 당신은 사형 선고를 그대로 받아들이고 평소와 다름없이 태연하게 죽음을 기다리고 있다지요? 그런 태도야말로 바람직한 죽음의 자세, 모범적인 죽음의 모습입니다. 하필 이럴 때 죄송한 말씀이지만, 죽기 전까지 부디 우리와 함께 해주시길 바랍니다.

소크라테스 : 회장, 당신이 나에게 원하는 게 뭐야?

존엄사회 회장 : 우리들에게 존엄사의 모범이 되어주시길 바랍니다.

소크라테스 : 나더러 모범이 되어 달라고?

존엄사회 회장 : 당신만큼 존엄사의 모범이 되어 줄 사람은 없습니다.

소크라테스 : 내 죽음은 전혀 존엄하지 않을지도 모르는데….

존엄사회 회장 : 그렇지 않습니다. 죽음을 앞두면 대부분의 사람들은 이성을 잃습니다. 어째서 자기가 죽어야만 하냐고, 1분 1초라도 더 살고 싶다고 몸부림칩니다. 극단적으로 말하면 인간은 그 정도로 삶에 집착합니다. 하지만 비참한 삶보다 존엄한 죽음을 택하는 당신의 모습, 결코 삶에 집착하지 않는 그런 태도는 보기 드문 인간적인 태도라고 생각합니다.

소크라테스 : 오히려 삶에 집착하는 게 더 인간적인 것 아냐?

존엄사회 회장 : 제 말은 원래는 삶에 집착했지만, 죽음과 마주한 뒤로는 집착하지 않게 되는 모습이 인간적이라는 말입니다.

소크라테스 : 하지만, 원래 집착하던 사람이 죽을 때를 맞이한다고 갑자기 집착하지 않게 될까? 사는 내내 존엄하지 않았는데 죽을 때가 됐다고 정말 존엄한 인간이 될 수 있다고 생각해?

존엄사회 회장 : 제가 드리고 싶은 말은 인간은 죽을 권리, 즉 자신의 죽음을 선택할 권리가 있다는 겁니다.

소크라테스 : 그럼, 죽는 게 권리라는 말이야? 그저 단순하게 죽을 수는 없

다는 말이네?

존엄사회 회장 : 그렇습니다. 당신도 연명 의료나 노인 간호의 일그러진 모습을 아실 거라 생각합니다. 전혀 살아날 가망이 없는 환자를 튜브로 연결해서 억지로 목숨을 연명하게 하거나 노망이 난 노인네를 기저귀를 채워가며 돌보거나 하지요. 이게 말이나 되는 소립니까? 그건 목숨만 붙어있다면 만사 오케이, 일단 오래 살고 보자는 생명지상주의의 폐해입니다. 인격을 무시한 생명 편중이 모든 일의 원흉이란 말입니다. 지금부터라도 지나친 생명편중의 풍조를 따져내야 합니다.

소크라테스 : 아, 그런 뜻이라면 나도 대찬성이야.

존엄사회 회장 : 그래서 우리는 인격이 있는 인간으로서 스스로 죽음을 선택할 권리가 있다고 주장하는 겁니다.

소크라테스 : 그런데 그 말이 잘 이해가 안 돼. 어째서 죽는데 권리가 필요하지?

존엄사회 회장 : 본인이 살고 싶지 않은데 억지로 살게 하니까요. 더 이상 살고 싶지 않다고 주장하려면 그럴만한 권리가 필요하지요.

소크라테스 : 그럼 더 살고 싶다고 주장하기 위해서도 권리가 필요하단 말이 아닌가?

존엄사회 회장 : 물론입니다.

소크라테스 : 전혀 살아날 가망이 보이지 않는 환자나 노망이 난 노인도 더 오래 살고 싶다고 하면 그것도 권리로써 인정받을 수 있어?

존엄사회 회장 : 기본적 인권이니까요.

소크라테스 : 인간의 생존은 권리라는 말이지?

존엄사회 회장 : 두말할 필요 없이 그렇습니다.

소크라테스 : 살아있다는 것 그 자체가 권리라는 거지?

존엄사회 회장 : 집요하시군요.

소크라테스 : 권리라는 건 좋다는 말이겠지. 좋지 않은 것을 권리라고 주장 하지는 않을 테니까 말이야. 그럼, 살아있다는 건 그것만으로 도 좋은 거란 말이지?

존엄사회 회장 : 그렇습니다.

소크라테스 : 그럼, 살아있으면 그걸로 된 거야.

존엄사회 회장 : 네?

소크라테스 : 좋은 거니까, 기왕이면 더 오래 살면 좋잖아! 어쨌든 살아있는

것은 좋은 거라면서?

존엄사회 회장 : ….

소크라테스 : 아까 자네가 말한 생명지상주의와는 다른 건가? 인격을 무시한 생명편중, 도착적 현대의 원흉으로써의 생명지상편중주의 말이야.

존엄사회 회장 : 생각해보십시오. 타의로 살게 되는 것을 거부하기 위한 방법은 역시 죽을 권리밖에 없지 않습니까.

소크라테스 : 그건 그렇지. 살 권리가 있다면 죽을 권리도 있어야겠지.

존엄사회 회장 : 당신은 인간에게 죽을 권리는 없다고 생각하십니까?

소크라테스 : 사는 게 권리라고 말한 건 자네잖아.

존엄사회 회장 : 하지만 현실의 고통에 못 이겨 죽음을 바라는 사람을 계속 살게 하는 건 너무 잔혹하지 않습니까.

소크라테스 : 인간들은 오랫동안 사는 게 좋은 거라고 착각해왔으니까 말이야.

존엄사회 회장 : 그렇다면 당신은 살아있다는 게 좋지 않다고 생각합니까?

소크라테스 : 나? 설마. 아니야. 그렇다면 내가 이렇게 멀쩡하게 살고 있을 리가 없잖아.

존엄사회 회장 : 그럼 얌전히 사형을 기다리지 말고 지금 당장 탈옥이라도 해야죠.

소크라테스 : 에이, 그래도 뭘 그렇게까지 해.

존엄사회 회장 : 당신은 도대체 어느 쪽입니까? 살고 싶은 거예요, 아니면 살고 싶지 않은 거예요?

소크라테스 : 왜 다들 나한테 그런 질문을 하는지 모르겠어. 왜? 사람들은 내가 당연히 살고 싶어 할 거라고 생각할까?

존엄사회 회장 : 죽는 게 싫으니까요.

소크라테스 : 왜 죽는 게 싫은데?

존엄사회 회장 : 죽으면 그걸로 끝이니까요.

소크라테스 : 과연 정말 그럴까?

존엄사회 회장 : 아니라는 말씀입니까? 죽은 후에도 생명이 지속된다고요?

소크라테스 : 그런 걸 내가 어떻게 알아. 죽어본 적이 없는데.

존엄사회 회장 : 그럼 역시 죽으면 그걸로 끝일지도 모르지 않습니까.

소크라테스 : 응. 그럴지도 모르지. 하지만 나는 아직 살아있으니까 역시 알 수 없어.

존엄사회 회장 : 도대체 어느 쪽입니까? 죽으면 끝이라는 겁니까, 아니면 그렇지 않다는 겁니까?

소크라테스 : 왜 나한테 그런 걸 묻고 그래.

존엄사회 회장 : 생애 마지막 날을 맞은 철학자라면 답을 알고 있을 거라고 생각했으니까요.

소크라테스 : 미안, 공교롭게도 나는 잘 몰라. 내가 모른다는 것만은 잘 알지만.

존엄사회 회장 : 죽는 게 두렵지 않습니까?

소크라테스 : 두렵냐고? 아니. 그렇다면 죽음을 알고 있었던 게 되는 걸.

존엄사회 회장 : 무슨 말씀이시죠?

소크라테스 : 죽는 게 두렵다는 것은 곧 죽음이 어떤 것인지 알고 있었다는 말이 아니야. 한번 생각해 보게. 뭔지 모르는 것에 대해 어떻게 어떤 태도를 취할 수 있겠어?

존엄사회 회장 : 잘 모르니까 두렵다고 생각하는 게 보통이죠.

소크라테스 : 그럼, 알면 두렵지 않게 돼?

존엄사회 회장 : 그건….

소크라테스 : 그럼 당신은 살아 있다는 것을 어떻게 알아?

존엄사회 회장 : 그거야 당연히 알죠. 살아 있다는 건 제가 여기에 있다는 겁니다.

소크라테스 : 뭐가?

존엄사회 회장 : 제 몸이요. 지금 살아서 여기에 있는 것. 죽지 않았기 때문에 여기 있을 수 있는 것이죠.

소크라테스 : 죽지 않았다는 건 어떤 걸까?

존엄사회 회장 : 살아 있다는 거지요.

소크라테스 : 그러니까 그 살아 있다는 게 어떤 거냐고 물었잖아.

존엄사회 회장 : 그러니까 죽지 않은 거라고 했잖습니까.

소크라테스 : 아아, 그러면 당신은 죽지 않은 것이 어떤 건지 알고 있군? 죽지 않은 건 살아있다는 걸 알고 있으니까. 그럼 죽는 게 어떤

건지 아니까 두렵지도 않겠네?

존엄사회 회장 : 잘 모르겠습니다.

소크라테스 :　　나도 하나도 모르겠어.

존엄사회 회장 : 역시 그랬군요.

소크라테스 :　　응. 왜 다들 모르면서 알고 있다고 착각하는 거지? 알지도 못
　　　　　　　하는 죽음을, 왜 알고 있기라도 하는 것처럼 두려워하냐고.

존엄사회 회장 : 역시 두려우니까 살고 싶다고 생각하는 게 아닐까요.

소크라테스 :　　그래 맞아. 사람이 살고 싶어 하는 건 죽는 게 두렵기 때문이
　　　　　　　야. 사는 게 죽는 것보다 낫다고 생각하기 때문이야. 하지만,
　　　　　　　정말 사는 게 죽는 것보다 나을까? 어쩌면 죽는 게 사는 것보
　　　　　　　다 나을지도 모르잖아. 그래도 사람들은 살기를 바랄까?

존엄사회 회장 : 그럼 얘기가 좀 달라지겠죠. 죽는 게 낫다면, 사는 것보다 죽
　　　　　　　음을 바라지 않겠습니까?

소크라테스 :　　하지만 어쩌면 죽는 게 사는 것보다 훨씬 좋지 않을지도 모르
　　　　　　　잖아. 그래도 사람은 죽음을 바라게 될까?

존엄사회 회장 : 아니, 그렇게 되면 죽음을 바라지 않겠죠.

소크라테스 : 사는 것이 너무 고통스럽기 때문에 죽음을 바라는 사람은 왜 죽음을 바라는 걸까? 죽으면 편해진다는 걸 도대체 누가 알아?

존엄사회 회장 : 살아있는 사람 입장에서는 그럴 것 같아 보이니까요. 하지만 죽은 본인 이외에는 모르겠죠.

소크라테스 : 그렇지? 죽은 본인 이외에는 죽는 게 어떤 건지 절대 알 수 없어. 살아있는 우리들이 죽음을 바랄 수 없는 이유지. 모르는 걸 바랄 수는 없으니까.

존엄사회 회장 : '죽고 싶다.'고도 '죽고 싶지 않다.'고도 할 수 있게 된다고요?

소크라테스 : 반대로 '살고 싶다.'고도 '살고 싶지 않다.'고도 되지.

존엄사회 회장 : 이것 참 곤란하군요.

소크라테스 : 살고 죽는데 무슨 권리가 필요해? 살아있는 것도 죽어있는 것도 그게 어떤 건지 우리는 전혀 모르잖아. 모르는 걸 어떻게 선택해? 어떻게 권리로 삼아? 사는 것을 권리라 한다면 사는 게 죽는 것보다 낫다고 생각했기 때문이고, 죽음을 권리로 삼는 건 죽음이 삶보다 낫다고 생각했기 때문이겠지. 하지만 사실은 뭐가 맞을까? 사람은 무엇을 권리로 삼아야 할까?

존엄사회 회장 : 도무지 알 수가 없네요.

소크라테스 : 살아 있다는 게 꼭 좋은 것만은 아닐지도 모른다고 했지? 다시 말하면, 살아있다는 것과 좋은 것은 관계가 없어.

존엄사회 회장 : 네, 그런 것 같습니다.

소크라테스 : 그렇다면 죽는 것도, 좋다는 것과는 관계가 없어. 즉 생명의 가치는 '좋다'와 전혀 상관이 없다는 거야.

존엄사회 회장 : 그렇군요.

소크라테스 : 그럼 생명이 가치를 갖기 위해서는, 생명과는 관계가 없는 어떤 가치가 존재해야 돼.

존엄사회 회장 : 그게 대체 뭡니까?

소크라테스 : 당연히 가치, 그 자체지. 삶과 죽음과는 관계가 없는 지상의 가치란 가치 그 자체밖에 없잖아. 가치 그 자체를 알지 못하는데 어떻게 삶과 죽음이 가치가 될 수 있겠어?

존엄사회 회장 : 행여나 그건 그 이데아를 초월하는 절대적 가치를 말씀하시는 것입니까?

소크라테스 : 행여나가 아니라도 그래. 절대적이기 때문에 상대적이기도

하지.

존엄사회 회장 : 하지만 철학자가 아닌 우리 같이 평범한 사람은 그런 어려운 건 잘 몰라요.

소크라테스 : 전혀 어렵지 않아. 당연한 거야. 잘 살고 있기 때문에 사는 게 좋은 거라는 건 너무 당연하잖아.

존엄사회 회장 : 하지만 좋지도 좋지 않게도 살아지는 우리 시대에서는 아무래도 당연하지 않은 것 같습니다.

소크라테스 : 그래, 정말 대단한 시대네. 하지만 누구나 태어난 이상 죽을 때까지는 살아야 되니까 빨리 생각해두는 편이 좋을 거야. 죽을 때가 돼서 갑자기 존엄해지긴 힘들 테니까.

존엄사회 회장 : 하지만 사람들은 역시 당신처럼 존엄하게 죽고 싶다고 생각할걸요.

소크라테스 : 다들 감쪽같이 속고 있어. 내 죽음이 존엄하다니, 마치 내가 비참한 삶보다는 존엄한 죽음을 선택하는 것처럼 들리잖아. 하지만 사실은 결코 그렇지 않아. 생각해봐, 모르는 것은 고를 수가 없다니까? 죽음이 어떤 것인지 모르기 때문에 사형 언도가 나에게 내려졌다면 죽어야지 뭐.

존엄사회 회장 : 역시 대단하시군요.

소크라테스 : 흠. 당신은 이해하는 것 같군.

존엄사회 회장 : 그럼 존엄 사회의 사람들에게 마지막으로 한마디 해주시죠.

소크라테스 : 좋아. 그럼 잘 들어. 똑똑히 들어두라고.

존엄사회 회장 : 똑똑히 들어두겠습니다.

소크라테스 : 스스로 죽으라.

존엄사회 회장 : 정말, 마지막까지 이러실 겁니까? 당신은 정말 심술궂은 사람
입니다!

소크라테스 : 뭐야 당신의 그 말은, 당신은 아직도 내가 뭔가 대단한 말이라
도 남길 거라 생각했어?

제17장

살아있는 것은 누구인가?

[소크라테스의 유언2]

소크라테스

뇌사 임시 행정조사회 위원

때는 소크라테스 처형 전 날

뇌사 임시행정조사회 위원 : 이식을 추진하는 사람들은 당신이 독배를 마시고
뇌사상태에 빠지기를 바라겠죠. 하지만 이식을 반
대하는 나는 장기를 제공해도 좋다는 당신의 의사
를 확인하지 않는 한, 결단코 장기 이식을 반대할
생각입니다.

소크라테스 : 자네도 참 귀찮은 일을 하는군. 그런 복잡한 문제
는 난 잘 몰라.

뇌사 임시행정조사회 위원 : 무슨 소리를 하십니까. 객관적 진리의 구명과 일관
성 있는 주장이야말로 제가 당신에게 배운 인생의
대원칙입니다. 나는 '소크라테스의 제자'이자 철학
자로서 고군분투하고 있는데 본인이 그런 약한 소
리를 하시면 어떡합니까.

소크라테스 : 뭐? 당신이 내 제자라고? 이거 큰일이군. 그건 곤란
해. 그런 거라면 이건 진지하게 생각해봐야해.

뇌사 임시행정조사회 위원 : 맞습니다. 중대하기 그지없는 문제예요. 임시행정
조사의 다수파는 어떻게 해서든 이식을 하고 싶어

합니다. 가능하면 기능이 저하되지 않은, 가끔은 출산마저 가능한 인간에게서 장기를 빼내려 한단 말입니다, 뇌는 죽어있으니까, 즉 '뇌사'했으니까 죽은 사람이라고 인정하라는 겁니다. 그런 이상한 소리가 어디 있습니까?

소크라테스 : 확실히 그건 좀 무서운 얘기네.

뇌사 임시행정조사회 위원 : 뇌가 그 사람이니까 뇌가 죽으면 사람도 죽는다는 이런 부자연스러운 사고방식은 근대 서양의 합리주의에서 비롯됐습니다. 정신이 일체를 지배하고, 육체는 물질로써 정신에 종속되어야 한다는 심신이원론의 원흉이 바로 데카르트의 바로 그 말, '나는 생각한다, 고로 존재한다.'이죠. 분명히 말하지만 사람은 생각하기 때문에 존재하는 게 아닙니다. 길고 긴 생명의 발전의 귀결로서 존재하는 거예요. 생각하는 것이 가능한 '나'라는 인간은, 자연의 역사 없이는 결코 존재할 수 없어요. 사사로운 자아 따위를 과신하는 게 바로 오늘날의 물질문명에 의한 환경파괴의 시작이라는 것도 부정할 수 없는 사실이고요.

소크라테스 : 초장부터 철학토론이야? 좋아, 받아들이지. 이대

로라면 그녀석이 너무 불쌍하니까.

뇌사 임시행정조사회 위원 : 무슨 말씀이세요?

소크라테스 :　　　　　같은 철학자로서, 자네 말대로라면 데카르트가 불쌍하잖아.

뇌사 임시행정조사회 위원 : 저는 데카르트 이후의 근대의 오류를 한 몸에 부딪혀 싸우는 철학자입니다.

소크라테스 :　　　　　아, 그래? 그럼 그 데카르트의 오류를 함께 생각해보자고. 자네는 '나'라는 인간은 생각하기 때문에 존재하는 것이 아니라, 생명자연의 역사의 귀결로서 존재한다고 했어. 그런데, 그 '나'란 애당초 뭐지?

뇌사 임시행정조사회 위원 : 나란 당연히 나지요.

소크라테스 :　　　　　그러니까, 그 '나'가 도대체 뭐냐고.

뇌사 임시행정조사회 위원 : 나란 다른 누구도 아닌 나를 말합니다. 정신도, 육체도, 생명도 모두 통틀어 나라는 인간입니다.

소크라테스 :　　　　　응, 그러니까 그 '나'가 도대체 뭐냐고 묻는 거야.

뇌사 임시행정조사회 위원 : 그러니까 그게 바로 저라고 하잖아요.

소크라테스 : 자네가 지금 가리키는 것은 코잖아. 코가 자네라는 말이야?

뇌사 임시행정조사회 위원 : 그럼 몸통이라고 하면 되겠습니까?

소크라테스 : 그건 그냥 몸통이지. 몸통이 자네야?

뇌사 임시행정조사회 위원 : 아, 선생님께서 그렇게 말씀하신다면 그럼 뇌가 바로 접니다.

소크라테스 : 호…, 뇌라고. 뇌가 '나'라는 거야? 아까는 정신, 육체, 생명을 전부 통틀어 '나'라면서? 그럼 그게 뇌랑 같은 거야? '나'는 뇌니까, 뇌가 죽으면 사람은 죽고 죽은 사람이라고 인정하는 셈인데?

뇌사 임시행정조사회 위원 : 응? 말씀을 듣고 보니 좀 이상한데요.

소크라테스 : '나'가 뭘까? 그건 어디 있는 걸까?

뇌사 임시행정조사회 위원 : 어디 있는지 알 수 없어도 확실히 존재하는 거니까요.

소크라테스 : 그렇지? 어디 있는지는 몰라도, 확실히 있어. 그걸 데카르트는 '존재한다.'고 한 것이 아닐까? 코도 가

습도, 뇌도 아닌, 어디에도 없는 것. 그럼에도 불구하고 확실히 있는 것. 생명 자연의 모든 역사를 꿈이라 의심해도, 의심하고 있는 지금, 여기에 확실히 역사가 존재해. 데카르트는 이런 놀라운 사실을 발견하고 '나는 생각한다, 고로 존재한다.'라고 말한 게 아닐까?

뇌사 임시행정조사회 위원 : 그럼 역시 생각하기 때문에 내가 존재한다는 말인가요?

소크라테스 : 아니, 달라. 생각하는 주체가 '나'라는 거야. 생각하지 않는 자네의 생각이 틀리는 건 당연해. 나 역시 생각하지 않는 철학자는 본 적이 없거든.

뇌사 임시행정조사회 위원 : 그렇게 말씀하셔도 괜찮습니다. 하지만 데카르트는 생각하는 정신만을 특별하게 생각하고, 육체를 단순한 물질로써 부당하게 폄하했어요. 이건 사실입니다. 저는 이런 데카르트적 이원론을 지양하기 위해 심신일여(心身一如), 일여의 철학을 주장합니다.

소크라테스 : 심신일여라. 그것 참, 또 어려운 문제군.

뇌사 임시행정조사회 위원 : 뭐가 어렵습니까? 마음과 몸이 하나로써 존재하는 것은 당연한 사실 아닙니까? 데카르트는 그런 당연한 것, 자연스러운 것을 인정하지 않았습니다.

소크라테스 : 그 말이 맞아. 마음과 몸이 하나가 되어 여기에 존재하는 것은 당연하지. 당연하고 자연스럽기 때문에 데카르트는 그것을 인정하려 하지 않았던 거야.

뇌사 임시행정조사회 위원 : 어째서입니까?

소크라테스 : 그는 철학자니까. 철학자란 당연하고 자연스러운 것을 인정하지 못하기 때문에 생각을 하는 사람이라고.

뇌사 임시행정조사회 위원 : 부자연스러운 게 아니고요?

소크라테스 : 뭐, 어떤 의미에서는 그럴 수도 있지.

뇌사 임시행정조사회 위원 : 자연스럽게 생각하면, 마음과 몸은 별개가 아닙니다.

소크라테스 : 다리를 하나 잃는다고 상상해봐. 자신의 몸에서 다리가 하나 없어졌다고 말이야. 그때 마음에서 무언가가 없어질까?

뇌사 임시행정조사회 위원 : 물론, 상실감이 크겠지요.

소크라테스 : 응. 물론 상실감은 크겠지. 하지만 눈에 보이고 손

으로 잡을 수 있는 다리가 몸에서 없어진다고, 눈에 보이고 손으로 잡을 수 있는 뭔가가 마음에서 없어지는 건 아냐. 다리를 잃었다는 마음의 상실감이 눈에 보이고 손에 잡혀?

뇌사 임시행정조사회 위원 : 아뇨, 그럴 일은 없죠.

소크라테스 : 감정이나 사고라는 건 애당초 눈에 보이고 손에 잡히는 게 아니야.

뇌사 임시행정조사회 위원 : 그건 그렇죠.

소크라테스 : 그건 감정이나 사고, 즉 정신이란 것이 물질이 아니기 때문이지.

뇌사 임시행정조사회 위원 : 그렇군요.

소크라테스 : 육체는 물질이고 정신은 물질이 아니야. 따라서 육체와 정신은 별개라는 거지. 별개인 것이 어떻게 하나로써 존재할 수 있겠어?

뇌사 임시행정조사회 위원 : ….

소크라테스 : 신기하지? 자연이라는 건 얼마나 신기한지. 철학자라면 이건 생각해보지 않을 수 없는 문제야.

뇌사 임시행정조사회 위원 : 하지만, 그렇다고 육체를 기계나 자재처럼 취급해도 되는 건 아니잖아요. 이건 분명히 서양철학의 결함입니다. 그런 이원적인 사고방식은 적어도 동양의 전통적인 자연관이나 생사관에는 절대로 없었던 것이에요.

소크라테스 : 생사관으로써 인정할 수 없다는 말이야?

뇌사 임시행정조사회 위원 : 그렇습니다. 특히 우리나라 사람들은 예로부터 산천초목도 성불이 가능하다고 믿어왔어요. 살아있는 모든 것에 영혼이 존재하고, 그 혼에 의해 모든 생물은 생명을 얻는다고 생각했습니다. 죽은 사람은 저 세상으로 가지만, 다시 태어나 다시 이 세계로 돌아온다는 생명의 순환을 믿어왔습니다.

소크라테스 : 자연스러운 사고방식이야. 그거야말로 자연 그 자체지. 어쩌면 정말 그럴지도 몰라. 하지만, 어쩌면 그렇지 않을지도 몰라.

뇌사 임시행정조사회 위원 : 선생님은 도대체 어느 쪽입니까?

소크라테스 : 나는 그런 거 몰라. 지금 살아 있으니까 사후에 대해선 말할 수 없지. 살아있는 사람이 말하는 사후는 살아있는 사람이 말하는 사후일 뿐이야. 죽은

사람이 사후에 대해 말한 게 아니잖아?

뇌사 임시행정조사회 위원 : 그건 그렇지만, 근대과학이나 그리스도교 이전의
고대종교는 세계 어디에서나 같은 생사관을 지녔
었어요.

소크라테스 : 그건 그렇겠지. 역시 다들 잘 모르게 되나봐. 죽는
것도 사는 것도 같은 거라는 걸 알게 되면 살았는
지 죽었는지가 알 수 없게 되겠지.

뇌사 임시행정조사회 위원 : 그렇죠? 잘 모르겠죠?

소크라테스 : 응, 모르겠어. 모르기 때문에 생사관이지. 생사관
에 의해 알게 되는 게 있을 리 없어. 애당초 모르는
것에 대해 얘기하는 거니까.

뇌사 임시행정조사회 위원 : 맞습니다. 그렇기 때문에 우리는 그런 위대한 생명
자연에 대한 두려움을 잊으면 안 됩니다. 절대 죽
음을 인위적으로 다뤄선 안 된다고 주장하는 겁니
다. 그리고 제가 또 주장하고 싶은 건, '보살행(菩薩
行)'입니다. 자기 자신은 물론 다른 사람도 이롭게
하는 사랑의 보살행으로써의 장기이식입니다. 뇌
사를 죽음으로 인정할 수는 없지만, 그래도 사람은
모두 자신의 죽음을 받아들이면서 죽어갑니다. 그

렇기 때문에 더욱, 개인의 결정에 의한 장기제공은 다른 사람의 생명이 계속 되길 바라는 자연스러운 마음이자 사랑의 자기희생으로서 인정받아야 한다고 생각합니다.

소크라테스 :   그 말은, 다른 사람의 생명이 계속 되길 바라는 개인의 마음이 있다면 장기제공을 인정할 수 있다는 거야?

뇌사 임시행정조사회 위원 : 그렇습니다.

소크라테스 :   그럼 개인의 생각에 의해 자네의 심장이나 간장을 받아 삶을 연명하는 사람도 죽을 때는 그 개인의 의사에 따라 각각의 장기를 타인에게 제공할 수 있다는 말이네?

뇌사 임시행정조사회 위원 : 원리적으론 그렇습니다.

소크라테스 :   제공한다는 건 그걸 개인의 소유물로 인정하기 때문에 제공한다고 하는 거지?

뇌사 임시행정조사회 위원 : 네, 그렇습니다.

소크라테스 :   그러니까 제공받은 타인의 장기는 원래 누군가 타

인의 소유물이었던 거야. 그렇다면, 만약 그렇게 육체의 전부가 타인의 소유물로 만들어진 사람은 어떻게 자기 자신을 주장할 수 있지?

뇌사 임시행정조사회 위원 : 뭐, 그건 그 사람의 뇌가 주장하는 거지요.

소크라테스 : 어이쿠. 뇌만이 그 사람을 구성하는 게 아니라고 한 건 자네잖아.

뇌사 임시행정조사회 위원 : 그랬죠.

소크라테스 : 그럼 타인의 소유물이었던 장기를 이번에는 그 사람의 의사로 제공하려면, 이른바 명의변경이 필요해. 그럼 장기의 소유권은 어느 시점에서 그 사람의 것이 될까?

뇌사 임시행정조사회 위원 : 장기를 가진 사람이 그것을 자신의 소유물이라고 생각한 때부터 아닐까요.

소크라테스 : 하지만 자네는 아까 살아있는 모든 것은 공통의 영혼에 의해 그 생명을 얻는다고 했잖아. 그 말은 즉 생명이란 공통된 것이고, 개인의 소유물이 아니라는 말이야. 그럼 자네는 생명은 개인의 것이 아니라면서 생명은 개인의 것이라고 하는 셈인데…, 그

러면 생명과 개인은 어떤 관계지?

뇌사 임시행정조사회 위원 : 잘 모르겠습니다.

소크라테스 :　아무래도 이 두 가지는 양립하지 않는 것 같아. 생명이 존재하는 곳에는 개인이 존재하지 않는 것 같아. 그러니까 자네는 이식을 하려면 개인의 생각을 무시해야 한다고 주장해야 돼.

뇌사 임시행정조사회 위원 : 아무래도 그런 말은 못하죠. 장기이식은 근대적 개인주의를 넘은 사랑의 행위이니까요.

소크라테스 :　개인주의의 부정을 외치는 사람이 개인의 의사를 주장하는 건 이상하지 않아?

뇌사 임시행정조사회 위원 : 이식을 하려면 개인을 부정하라는 말입니까?

소크라테스 :　그래, 그렇지. 그게 알기 쉽지. 정말 알기 쉬운 수급 관계야. 분명 원하는 사람은 사랑이 있든 없든 거금을 치러서라도 갖고 싶어 하니까, 차라리 매매관계라고 하는 게 알기 쉽겠다. 돈을 주고 샀으니 내 것, 팔았으니까 판 거니까 이제 남의 것이라는 식이지.

뇌사 임시행정조사회 위원 : 그게 소유한다는 것이군요.

소크라테스 : 응. 그렇게 누군가의 것이 어딘가에 가서, 누구의 어딘가 이미 죽어서, 누구의 어딘가는 아직 살아 있지만, 그렇게 해서 거기에 살아있는 건 도대체 누구인지 전혀 알 수가 없는 엉망진창 상태, 그게 영원의 생명의 순환운동이야. 산천초목이 성불하는 상태지. 대단하지 않아? 그게 바로 자연본래의 바람직한 모습이야. 자네가 믿는 생사관이 그런 거지?

뇌사 임시행정조사회 위원 : 이상한데. 제 말은 그런 게 아니에요.

소크라테스 : 어디가 이상한데?

뇌사 임시행정조사회 위원 : 역시 아무래도 생명과 개인이라는 개념은 양립하지 않는 것 같네요. 생명은 개인을 살게 하지만 그렇기 때문에 개인의 소유인 것은 아니다. 누구의 소유도 아니다. 제가 정말 하고 싶은 말은 그거였던 것 같아요.

소크라테스 : 그것 봐. 그렇지? 대체 누가 스스로 생명을 만들었겠어? 누가 스스로 생명을 손에 넣었겠어? 처음부터 자신의 것이 아니었던 것을, 자신의 것이라고

말하려니까 복잡해지잖아.

뇌사 임시행정조사회 위원 : 그렇군요.

소크라테스 : 그래서, 자네는 임시조사위원으로서 앞으로 어떻게 할 생각이야?

뇌사 임시행정조사회 위원 : 아, 이거 큰일이군요. 장기만 구하면 자식의 목숨을 살릴 수 있는 부모의 마음을 어떻게 부정할 수 있겠습니까.

소크라테스 : 하지만 자네의 생사관에 의하면 죽은 사람은 다시 태어나 돌아온다면서? 생명은 영원히 계속된다며? 마찬가지 아니야?

뇌사 임시행정조사회 위원 : 그럼 죽으라고 하라는 말씀이십니까?

소크라테스 : 내가 어떻게 그런 걸 정하겠어? 그러니까 자네가 임시조사위원을 하고 있는 거잖아. 이래서 나는 철학자로서 그런 귀찮은 일은 절대 싫다는 거야.

제18장

죽는 것은 누구인가?

[소크라테스의 유언3]

소크라테스

검사란

때는 소크라테스 처형 직전

검사관 : 얘기는 들었습니다만, 당신도 정말 별난 사람이군요. 농담이 아니라 이게 정말 당신의 마지막이에요. 당신은 이제 곧 죽는다고요. 그런데도 생사에 대한 토론에 그렇게 열을 내고, 역시 보통이 아니네요. 정말 재미있게 들었어요.

나는 이 일을 한지 꽤 됐습니다. 꽤 많은 인간의 다양한 죽음을 보아왔지요. 자신의 죽음 앞에서 기도하는 사람이 있는가하면 저주를 퍼붓는 사람, 난폭하게 구는 사람, 심지어는 죽음을 기다리지 못하고 스스로 목숨을 끊는 사람까지 있어요. 어쨌든 그들은 나름대로 다양한 말을 남깁니다. 그래봤자 머릿속에 떠오른 생각을 말할 뿐이지요. 죽음이란 무엇인지 생각해봤자 결국 그 사람은 죽을 테니까요. 확실히 죽어서, 확실하게 사체가 되요. 생각은 없어져도 육체는 남아요. 이제 와서 종교니 철학이 어쩌니 말한들 나는 실제 보이는 것밖에 믿을 수가 없어요.

하지만 당신은 소크라테스니까 이참에 단도직입적으로 물어봅시다. 사후에도 세계는 존재한다고 생각합니까? 다시 말해서 인간은 죽어도 영혼은 남는다고 생각해요?

소크라테스 : 정말 근원적이고 본질적인 질문이군. 이거야말로 정말 끝을 본 사람이구만. 참을 수가 없어, 철학자에겐 더 없는 행복이야.

검사관 :   그렇게 기뻐요?

소크라테스 : 정말 기뻐. 나의 철학자 정신은 그런 얘기를 들으면 기쁘고 곤혹
스럽기도 하고 그런가봐.

검사관 :   도대체 철학자 정신이 뭡니까?

소크라테스 : 생각하는 게 기분 좋다는 말이야. 근원적이고 본질적인 질문을
계속 생각하다보면 뭐랄까, 황홀해진다니까. 살면서 마치 죽은
것 같은 기분이 들어.

검사관 :   뭐야, 당신도 의외로 제정신이 아니네요. 아, 그러고 보니 당신
이 다이몬과 얘기하면서 하룻밤 내내 멍하니 있었다고 당신에
대해 말하는 사람이 있었어요. 아, 당신이 탈혼 상태라는 둥 이
상한 소리를 하는 사람도 있었지. 그런 나는 그들이 하는 말이
정말 이해가 되지 않아요.

소크라테스 : 그렇겠지. 검사관 자네는 과학자니까.

검사관 :   저는 실재하는 것만 믿습니다.

소크라테스 : 그 실재하는 게 도대체 뭐야?

검사관 :   물질로서의 세계, 눈에 보이고 손으로 만지며 계측 가능한 이 세
계, 그리고 베이면 피가 나오는 이 육체지요.

소크라테스 : 베이면 피가 나오는 이 육체에서 피가 나오지 않게 되면 그게 사체라는 건가?

검사관 : 그렇습니다.

소크라테스 : 사체만이 실재하는 것이고, 영혼은 실재하지 않는다고 생각해?

검사관 : 그렇게 생각합니다.

소크라테스 : 그럼 질문 하나 하지. 사체는 실재하는 것인데, 그렇다면 죽음역시 실재하는 것이라고 생각하나?

검사관 : 당연하죠. 죽음이 실재하기 때문에 사람은 죽어서 사체가 되는거니까요. 죽음이 실재하지 않는다면 사람이 죽는 일도 결단코있을 수 없어요.

소크라테스 : 그 말이 맞아. 죽음이 실재하기 때문에 사람은 사체가 될 수 있지. 그러면 그 실재하는 사체의 어디에 죽음이 실재하지?

검사관 : 그게, 다들 말이 달라요. 전에 그 뇌사 판정 임시 조사부인지 뭔지 하는 곳에서도 늘 다투고 있어요. 심장의 정지를 죽음으로 볼것인지 뇌기능의 정지 상태를 죽음으로 볼 것인지, 혹은 그 중간으로 뇌간을 볼 것인지, 이게 좀처럼 정해지지가 않더라고요.

소크라테스 : 그건 결코 정해지지 않을 거야.

검사관 : 언젠가 과학은 결론을 낼 겁니다.

소크라테스 : 아니, 그건 무리야.

검사관 : 어째서요?

소크라테스 : 심장이 멈추면 사람은 죽어. 멈춘 심장 어디에 죽음이 있어?

검사관 : 멈춘 심장을 보면 죽은 걸 알 수 있지요.

소크라테스 : 그러니까, 멈춘 심장의 어디에 죽음이 있냐고?

검사관 : 그러니까, 멈춘 심장을 보고 그걸 죽음이라고 하는 겁니다.

소크라테스 : 하지만 보이는 건 그저 멈춘 심장일 뿐이잖아. 멈춘 심장에서 죽음을 꺼내어 볼 수 있어? 심장을 해부하고 잘게 자르다보면 죽음을 찾아 꺼내어 볼 수 있냐고.

검사관 : 설마요. 어떻게 그런 게 가능하다고 말씀하시는 겁니까?

소크라테스 : 그럼, 죽음이란 것은 보이거나 만져지는 게 아니야? 사체는 보이고 만져지지만, 죽음은 그렇지 않다?

검사관 : 그렇습니다.

소크라테스 : 다시 말하면 사체와 죽음은 다르다는 말이네.

검사관 : 그런 의미에서는 그렇죠.

소크라테스 : 그럼, 아까 자네는 눈에 보이고 손으로 잡을 수 있는 것만이 실재한다고 했는데, 보이지도 만져지지도 않는 죽음은 실재한다고 할 수 있어?

검사관 : 하지만 죽음이 실재하지 않는다면 어째서 사람이 죽습니까?

소크라테스 : 그게 정말 신기한 일이지. 하늘이 하는 일은 참 기괴하다니까.

검사관 : 저는 진지합니다.

소크라테스 : 나야말로 진지해. 난 이제 곧 죽는다고.

검사관 : 아, 그렇군. 죽음을 앞 둔 사람 앞에서…, 죄송합니다. 계속 하시죠.

소크라테스 : 실재한다는 것은 존재한다는 것과 같지? 물질로써 실재하는 건 아니지만 존재하는 죽음에 의해 사람이 죽는다고 당신도 인정했으니까.

검사관 : 네, 그렇습니다.

소크라테스 : 그런데, 그 '존재한다.'는 것은 도대체 어떤 걸까?

검사관 : 존재한다는 것은, 존재한다는 거지요. 뭔가가 있다는 것.

소크라테스 : 응. 존재한다는 건 뭔가가 있다는 거야. 물질이나 육체는 보이고 만져지는 것으로써 존재하지만 감정이나 생각, 정신적인 것, 그래서 인격 같은 것도 보이지도 만져지지도 않지만 확실히 존재하지.

검사관 : 그렇습니다.

소크라테스 : 즉, 육체와 정신은 똑같이 '존재'해. 하지만 그 방법은 서로 달라. 그런데, 그 사람이 살아있다는 건 그 사람이 존재한다는 것과 같지?

검사관 : 그렇죠.

소크라테스 : 그리고 그 사람이 죽는다는 것은 그 사람이 존재하지 않게 되는 거야. 즉 존재하지 않게 된다는 것은 없어진다는 거지. 없어진다는 건 무(無)의 상태가 된다는 거야.

검사관 : 그렇지요.

소크라테스 : 즉 죽음이란 무의 상태야.

검사관 : 맞습니다.

소크라테스 : 그럼 무의 상태는 어디에 존재하지?

검사관 : 네?

소크라테스 : 무의 상태가 존재한다면 그건 무의 상태가 아닌 게 되나?

검사관 : 잘 모르겠네요.

소크라테스 : 그렇다면 무의 상태가 되는 것으로서의 죽음이라는 것도 존재하지 않는 셈 아니야? 그럼, 결국은 죽음이란 존재하지 않는 것 아냐?

검사관 : …?

소크라테스 : 사람이 죽는 일은 없다는 말 아니냐고.

검사관 : 하지만 현실에서 실제로 사람이 죽지 않습니까. 죽어서 사체가 되고, 그 사체는 현실에서 무의 상태로 변하지 않습니까? 나는 그 과정을 매일매일 보고 있습니다.

소크라테스 : 그렇겠지. 자네가 매일 보는 대로, 현실에서 사람은 죽어서 사체가 돼. 사체는 이윽고 재로 변하지. 하지만 자네는 아까 육체와 정신은 똑같이 '존재'하지만 그 방법은 서로 다르다는 것을 인정했어. 보이고 만져지는 육체는 보이지도 만져지지도 않게 되니까 알 수 있지만, 원래부터 보이지 않고 만져지지 않는 감정이나 생각, 인격 같은 것이 무의 상태가 된다는 건 어떻게 알 수 있지?

검사관 :   반대로, 무의 상태가 되지 않는 건 어떻게 압니까?

소크라테스 : 무의 상태가 과연 존재할까?

검사관 :   글쎄요….

소크라테스 : 존재한다는 것은 즉 무의 상태가 아니라는 거야. 존재하지 않는
            다는 건 존재하지 않아.

검사관 :   사후의 세계가 존재한다고요?

소크라테스 : 아니야. 죽음이 없기 때문에 사후도 없어. 세계는 여기에 존재할
            뿐이야.

검사관 :   역시 세계는 살아있는 동안에만 존재한다는 말인가요?

소크라테스 : 아니야. 존재한다는 것은 생존한다는 것과는 달라. 죽음이 없으
            니까 생도 없지.

검사관 :   도대체 무슨 말씀을 하는 것인지 하나도 모르겠군요.

소크라테스 : 나도 모르겠어.

검사관 :   하지만 그러면 제가 곤란해져요. 어쨌든 내 일은 사람의 죽음을
            정하는 것, 그 사람은 죽었다는 것을 판정하는 일이니까요. 육체

가 죽었기 때문에 그 사람도 죽은 것이라고 하지 않으면 정말 곤란해집니다. 특히 요즘은 장기이식으로 좋은 사체의 수요가 높아요. 백보 양보해서, 어쩌면 사후라든가 영혼이 존재한다고 가정하죠. 하지만 타인이 어떻게 그걸 알 수 있습니까? 사체는 절대 자기가 죽었다고 말해주지 않는데요. 그런데도 나는 그 사람은 죽었다고 해야 합니다.

소크라테스 : 그거 정말 힘든 일이군. 아마 이 세상에서 철학자 다음으로 힘든 일인 것 같군.

검사관 : 그러니까 과학이 심장, 혹은 뇌의 정지로써 그 사람의 죽음을 정하는 겁니다.

소크라테스 : 이 세상은 약속으로 정해져 있으니까 말이야. 자네가 하는 일이 성립하는 것 자체가 죽음이란 이 세상의 약속이라는 훌륭한 증거야.

검사관 : 그래서 나는 죽음을 결정합니다.

소크라테스 : 하지만 역시 정할 순 없지.

검사관 : 어째서요?

소크라테스 : 생각해봐. 없는 걸 어떻게 정하나? 정하려고 해도 대상이 존재

하지 않는데 어떻게 뭘 결정할 수 있단 말이야?

검사관 :　　….

소크라테스 : 아까 존엄사 회장과 토론하면서, 자신이 죽는 일은 없다고 결론지었는데, 아무래도 다른 사람의 죽음도 존재하지 않는 모양이네.

검사관 :　　하지만, 하지만 말입니다, 이 말만은 해두죠. 아니 묻겠습니다만 과연 죽음은 없을까요? 죽음은 존재하지 않을까요? 하지만 사체는 분명히 존재하지 않습니까? 사체가 존재하는 이 현실을 어떻게 이해해야 합니까? 대체 거기서 무슨 일이 일어났다고 생각해야 합니까?

소크라테스 : 문제는 그거야. 하지만 간단해.

검사관 :　　어떤데요?

소크라테스 : 아무것도 일어나지 않았다고 생각하면 돼.

검사관 :　　그런 바보 같은….

소크라테스 : 존재한다는 것은 존재한다는 거야. 아까 당신도 그랬지.

검사관 :　　네?

소크라테스 : 그리고, 존재하는 것은 뭔가가 존재한다는 것이라고. 그럼, 뭔가가 존재한다고 하기 위해서는 그 뭔가라는 것이 존재해야만 해.

검사관 : 그렇죠.

소크라테스 : 그건 뭘까?

검사관 : 그 '뭔가'요.

소크라테스 : 그래. 그건 뭐지?

검사관 : 뭐라니, 그 '뭔가'죠.

소크라테스 : 맞아. 그럼 뭔가를 뭔가라고 말하기 위해서 존재해야만 하는 뭔가는 뭘까?

검사관 : 뭔가를 뭔가라고 말하기 위한 이름이겠죠.

소크라테스 : 맞아. 뭔가를 뭔가라고 말하기 위해서는, 뭔가라는 그 표현이 존재해야 돼. 뭔가가 존재한다는 것은 그 표현이 존재한다는 거야. 즉, 존재란 표현인 셈이지.

검사관 : 그래서요?

소크라테스 : 생과 사 그 자체가 표현이라는 걸 인정해?

검사관 : 인정합니다.

소크라테스 : 생과 사를 생과 사라고 하기 위해서는 생과 사라는 표현이 존재
해야해.

검사관 : 맞아요.

소크라테스 : 생과 사라는 단어가 존재하지 않으면 생과 사라고 말할 수 없어.

검사관 : 그렇죠.

소크라테스 : 그럼, 생과 사란 표현이란 셈인데. 그럼 그 표현이 없으면 생과
사는 어디에도 존재하지 않는 것 아냐?

검사관 : 하지만 존재하지 않는다는 것은 존재하지 않는다고 당신이 말
했잖습니까.

소크라테스 : 맞아. 존재하지 않는다는 건 존재하지 않아. 그러니까 역시 존재
하는 거지. 존재한다는 것은 존재한다는 거니까. 봐봐, 아무 일
도 일어나지 않았잖아. 생사 따위, 어차피 그냥 표현일 뿐이야.
제일 처음에 당신이 말한 대로잖아.

검사관 : 이제 저는 뭐가 뭔지 도저히 갈피를 못 잡겠어요.

소크라테스 : 그걸로 됐어. 그게 맞으니까.

검사관 :   이런, 이런 정말.

소크라테스 : 마지막 토론은 내 승리군.

검사관 :   하지만 당신의 마지막 모습은 제가 확실히 봐드릴게요.

소크라테스 : 응? 누구? 누가 죽는다고?

검사관 :   당신, 소크라테스요.

소크라테스 : 나? 소크라테스는 그냥 이름이잖아? 이름이 존재하지 않으면 그런 놈은 존재하지 않는 거야. 존재하지 않는 녀석이 어떻게 죽을 수 있어? 이미 존재하지 않는데.

검사관 :   하지만 이름이 존재하면 그건 존재하는 거지요.

소크라테스 : 흠. 들켰군.

검사관 :   자, 얌전히 가시지요.

소크라테스 : 나는 내가 누구인지 전혀 모르겠어.

검사관 :   나는 아니까 괜찮아요.

소크라테스 : 대체 죽는 건 누굴까?

검사관 : 당신이죠.

소크라테스 : 하지만 나는 어쩌면 당신일지도 몰라.

검사관 : 그만하세요.

소크라테스 : 하지만 내가 존재한다는 것은 당신이 존재한다는 거잖아. 존재한다는 건 존재한다는 거니까.

검사관 : 정말 끝이 없군요.

소크라테스 : 그렇지? 그러니까 나는 어쩌면 당신이야.

검사관 : 하지만….

소크라테스 : 됐어, 이제 자네 말 안 듣고 싶어!

사람들은 플라톤이 쓴 글 덕분에 내가 남을 수 있었다고들 해. 사실 맞는 말이야. 내가 스스로 남긴 글은 단 한 줄도 없어. 왜냐하면 '생각'이란 일단 글로 써서 문장이 되면 그걸 이해하는 사람이든 전혀 이해하지 못하는 사람이든 상관없이 다 볼 수 있게 되잖아? 그래서 내 뜻을 잘못 이해하거나 부당하게 욕을 먹을 때도 결코 스스로를 지키지 못해. 나 스스로 문장이 약하다는 것을 잘 알고 있기 때문이지.

그럼, 문장보다 뛰어나고 강력한 것은 뭘까? 그건 말해야 할 사람에게는 말하고, 다물어야 할 사람에게는 입을 열지 않는 기술을 알고 있는 말, 바로 이야기야. '로고스(생각)'가 가장 생생하고 정확하게 자신을 나타낼 수 있는 건 우리가 나눈 이야기야.

독자들은 그래서 내가 쓰지 않고 말로 남긴 거라고 생각하려나? 그건 아냐.

306

사실 나는 단순히 글 쓰는 재주가 없었을 뿐인데 말이야. 그래서 문장가인 플라톤에게 내 이야기를 전해뒀지. 생각해봐. 말해야 할 사람에게는 말하고 다 물어야 할 사람에게는 입을 열지 않을 수 있는 이야기, 그게 그대로 문장이 되어 세상에 널리 퍼지게 되면 그 말이야말로 천하무적이지 않겠어?

사실 나는 '돌아온' 게 아냐. 나는 언제나 계속 여기 있었어. 지금도 있고, 앞으로도 있을 거야. 당신이 뭔가를 생각하는 그때, 거기에 내가 있을 거야.

돌아온 소크라테스

초판 1쇄 인쇄 2020년 12월 25일
초판 1쇄 발행 2020년 12월 30일

지은이   아케다 아키코
옮긴이   이수민
펴낸곳   함께북스
펴낸이   조완욱
등록번호   제1-1115호
주소   412-230 경기도 고양시 덕양구 행주내동 735-9
전화   031-979-6566~7
팩스   031-979-6568
이메일   harmkke@hanmail.net

ISBN 978-89-7504-749-7   03100